未来领袖摇篮
系列丛书
**WEILAI
LINGXIUYAOLAN**

**M.I.T
UNIVERSITY**

林大为 | 编著

麻省理工学院
手脑佼佼者

M.I.T UNIVERSITY
To Be Number One

中国出版集团
现代出版社

图书在版编目(CIP)数据

手脑佼佼者：麻省理工学院 / 林大为编著. —北京：现代出版社，2013.2
（2021.8重印）

（未来领袖摇篮）

ISBN 978-7-5143-1375-8

Ⅰ.①手…　Ⅱ.①林…　Ⅲ.①麻省理工学院—青年读物②麻省理工学院—少年读物　Ⅳ.①G649.712.8

中国版本图书馆CIP数据核字(2013)第027720号

编　著	林大为
责任编辑	李　鹏
出版发行	现代出版社
通讯地址	北京市安定门外安华里504号
邮政编码	100011
电　话	010-64267325 64245264(传真)
网　址	www.xdcbs.com
电子邮箱	xiandai@cnpitc.com.cn
印　刷	北京兴星伟业印刷有限公司
开　本	700mm×1000mm 1/16
印　张	12
版　次	2013年2月第1版　2021年8月第3次印刷
书　号	ISBN 978-7-5143-1375-8
定　价	32.00元

前 言

QIAN YAN

　　如今已步入不惑之年,记忆中的一些事情好多都已如烟消云散,不过有一个问题始终萦绕心头,我高中毕业的时候,家里的生活非常艰难,父母为什么还让我读完大学呢? 这个问题困扰我已经20年了。终于有一天,我明白了,父母想让我换一种生活方式;他们不希望我沿着他们的生活轨迹前行!

　　古人说:"行万里路,读万卷书。"这句话实在深刻! 对现代人而言,行万里路易,读万卷书难。科技的车轮正以惊人的速度滚滚向前,终日在电脑和千奇百怪的机器前忙碌的现代人,用电线、光缆、轨道和航线把地球变成一个村落,点击鼠标,我们可以在世界的任何一个角落把自己随意粘贴。好多人已经认为读书没什么用! 读书是在浪费生命。于是,面对现代文明,缺少了读大学修炼的底蕴。我们频繁遭遇对面相逢不相识的尴尬,不断地积聚那些源自心底的陌生。为此,我们渴望一种深层的理解,渴望一种心灵的历练,以让脚步和心灵能够行得更远。

　　大学有着上千年文化的厚厚沉积,大学有着上千年文明的跌宕起伏,大学有着上千年社会的沧桑巨变,这足以让你惊叹,让你震撼。大学给你的感觉是那样空灵,那样清新,那样恬静。追昔抚今,历史的长廊仿佛就在眼前。生命却耐不住"逝者如斯夫"的侵蚀,大学生活也是必需的人生

经历。大学的魅力，与其耳闻，不如亲见。大学生活可以弥补我们时间的缺失，增值属于我们的光阴；大学可以把智慧集腋成裘，让我们的生命成就高品质的价值。

在任何一个团体中，总有某一个人充当着核心的角色，他的言行能够被团体认可，并指引着团体的某一些决策和行动。我们可以把这种人所具备的人格魅力称为"领袖气质"。环境是一种氛围，一种智慧，一种"隐性课程"。我国古代有"孟母三迁"的故事，说明环境对人才成长的重要性。

在良好的教育环境中，人才更能轻松愉快、自由主动地去发现、思考和探索，从中获得知识经验，在情感、信念、意志、行为和价值观等方面得到潜移默化的熏陶；成长环境有助于显示今天的行动与明天的结果之间存在的永久联系。在这里，曾经出现过无数的政治、经济、军事、文化等各个行业的领军人物。他们用行动证明：最具实力、特点的学府，才能真正缔造别具一格的人才。

本丛书选了最具代表性的世界名校20所。通过对这些名校的概况、教学特点、培养的名人等的介绍，意在深度挖掘人才成功之路上不为人知的细节，同时剖析名校培养人才的根本原因所在，是一部您一定要读的人生枕边书。

尽管我们付出了诸多辛苦，然而由于时间紧迫和能力所限，书稿错讹之处在所难免。敬请各方面的专家学者和广大读者批评指正。我们不胜感激！

编者

2012年11月

目 录

开 篇 大学是未来领袖的摇篮

> 大学,是社会的良心,是天才的渊薮,是文化与思想的栖息地,也是每一个青少年成为未来领袖的摇篮。每所大学都有独特的文化和性格。一所大学能反映一个城市甚至一个国家的精神气质。大学是今天与未来的桥梁,认识一所大学,可以树立一个梦想;树立一个梦想,可以创造一个人生。

第一章 认识麻省理工学院

> 美国麻省理工学院是美国一所综合性私立大学,有"世界理工大学之最"的美名。无论是在美国还是全世界麻省理工学院都有非常重要的影响力,培养了众多对世界产生重大影响的人士,是全球高科技和高等研究的先驱领导大学,也是世界理工科精英的所在地。麻省理工是当今世界上最负盛名的理工科大学,《纽约时报》笔下"全美最有声望的学校"。

第二章　麻省理工学院精英培育法则

　　麻省理工学院的创始人威廉·巴顿·罗杰斯说："一所学校不仅仅是能传授工艺技能，重要的是要为学生们将来在工业部门工作打好科学理论基础，让学生能够通过实验进行学习。"在这个理念的指引下麻省理工学院的精英培育法则逐渐形成。

第三章　秀丽宜人的校园风光

　　美国麻省理工学院占地168英亩，校园位于查尔斯河靠波士顿市一侧，蔓延约1英里。中央校区由一组互相连通的大楼组成。互相连通的设计是为了方便人们往来与各个院系之间。麻省理工学院的宽带无线网络遍布校园各个角落，共有3500个收讯点，是全美无线化做得最好的大学。

第四章　教学特色及科研成就

　　从任何方面来说，麻省理工学院都是世界上一所无与伦比的高等学府，其最突出的标志是造就了一批声名盖世的科学家。麻省理工学院虽然是一所著名的理工学院，但它并不忽视人文学科的教育。

开　篇　大学是未来领袖的摇篮

　　大学,是社会的良心,是天才的渊薮,是文化与思想的栖息地,也是每一个青少年成为未来领袖的摇篮。每所大学都有独特的文化和性格。一所大学能反映一个城市甚至一个国家的精神气质。大学是今天与未来的桥梁,认识一所大学,可以树立一个梦想;树立一个梦想,可以创造一个人生。

领袖是怎样炼成的

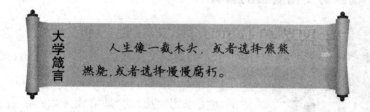

大学箴言

人生像一截木头，或者选择熊熊燃烧，或者选择慢慢腐朽。

做一个出类拔萃的领袖

要想真正成为一名出类拔萃的领袖，必须在工作、生活各个方面具备过硬的素质。从某种意义上说，领袖必须成为人民的理想楷模。这不仅是指通常所理解的"德"，而且也是指同样重要的"智"。一个真正的领袖必须拥有远大的抱负，拥有异于常人的智慧，超常的适应能力，服务大众的态度和引导舆论的能力。

一个好领袖必是一个好的聆听者，并掌握与人沟通、表情达意的技巧。他充满自信，具有很强的分析能力，亦必毅力过人，并能不断自省以求进。英国首相温斯顿·丘吉尔说过："成功不是终点，失败也并非末日。最重要的是具备勇气，一直前行。"当一个人为实现梦想苦苦追寻的时候，需要这样一种意志和品格。

坚持，是一种信念。无论在国内，还是在国外，要获得最美丽的人生，

要实现自己最大的价值，要能够对社会、对他人有所回报，就要坚持自己的目标和梦想。

坚持，是一种过程。这个世界上，天上掉馅饼的事儿几乎为零，或者没有什么事情是一蹴而就的。在梦想实现之前，需要耐得住寂寞、孤独和暂时的不成功。

坚持，是一种生活方式。学习也好，工作也好，生活也好，都需要用一种坚持的态度去完成。这种生活方式可以磨练自己的意志力。坚持住人生信念，没有什么困难是不可以克服的。

做富有文化底蕴的智者

一个优秀的领袖必然有着深厚的文化底蕴，其实也就是文气。文气是指一个人的内在文化底蕴、外在儒雅气质、文化修养、精神境界的自然显露。大学是保存知识、传播知识、创造知识的殿堂，是培养人才的摇篮，是先进文化的策源地和辐射源。大学领导者作为知识分子的领袖、楷模和标尺，如果自身没有知识、没有文化、没有学问，即没有所谓的"文气"，就不会得到师生的尊重、敬仰和爱戴，就很难引领大学的发展。

【领袖语录】

> 读书时不可有己见；读书后不可无己见。

修炼文气，须多读书，成为大学者。"腹有诗书气自华"。要养成儒雅的文气，就必须博学多识，不仅学习教育学、心理学、管理学、领导学、经济学等知识，还要多读经典古文、传统诗词、名家名篇，广泛涉猎经济、政治、文化、社会等各方面，学贯中西、通晓古今，努力成为著名学者。纵观做出卓著成绩的校长，他们都是某个学科领域的专家，同时也对人文社会科学知识有深厚的积淀。如北京大学原校长蔡元培是哲学家、美学家，还通晓教育学、心理学、生理学，堪称大学问家。

修炼文气，须多思考，成为思想家。文气的养成是为了提高个人素养，促进工作实践，而思考是学习与行动的桥梁，"学而不思则罔"。思考形成思维，思维产生观念，观念形成思想，思想决定行动。因此，大学领导者必须学会思考,并多思考。要明了大学的性质,知晓大学的历史,把握大学面对的环境和拥有的资源,把文气的养成与改造思想结合起来,与指导实践结合起来,与解决实际问题结合起来。历史证明,成功的大学领导者,一般都是深邃的思考者。譬如,哈佛大学校长博克曾著《超越象牙塔》,指出现代大学不能回避为社会的进步和国家的利益服务;芝加哥大学校长赫钦斯曾著书《高深学问》,反对功利主义,倡导博雅教育;耶鲁大学校长吉亚麦提曾著《大学和公众利益》,探讨大学的性质和在社会中的作用;加州大学校长克尔曾著《大学的功用》,提出了巨型大学的概念。由于他们对大学有深入的思考,不随波逐流,从而把大学办出了特色,推上了新台阶。

修炼文气,须多谋划,成为谋略家。大学领导者是学校的规划设计者,历史上有卓越成就的大学领导者都是优秀的谋略大师。卡迪夫大学前任校长史密斯爵士曾说过,作为领导者,他必须将四分之三的时间花在思考学校方向和战略上,他认为,"校长就是要将自己的办学战略和价值理念传播出去,让学校所有员工接受,然后选择合适的人去实现这些策略。"中国的大学校长都曾经或正在谋划制定"大学发展战略规划、大学学科和师资队伍建设规划、大学校园发展规划",引领大学的发展和振兴。事实证明,大学

> **【领袖语录】**
>
> 所谓年轻的心,就是总有一扇门敞开着,等待未来闯进。

领导者只有经常围绕"建设一个什么样的大学,怎样建设这样的大学"的问题潜心思考,精心谋划,才能认准大学发展的根本方向,不至于随着各种思潮的冲击而左右摇摆。

浩然正气的力量

一个优秀的领袖还必须有正气。孟子曰:"吾善养吾浩然之气。"文天祥说:"天地有正气,杂然赋流形。下则为河岳,上则为日星。于人曰浩然,沛乎塞苍冥。"对大学领导者来说,正气就是不媚俗,能引领社会发展潮流。

修炼正气,须不媚俗。大学既要防止"滞后于社会"的弊端,但又不简单地"迎合时尚"。这就要求大学领导者的办学理念和行为方式必须因时而变,成为"对现在和未来都会产生影响的一种力量"。但这种适度而明智的变化不是无原则、无限度的,必须是"根据需求、事实和理想所做的变化"。罗伯特·M·赫钦斯在《学习社会》一书中直言不讳地追问:"大学究竟是为社会服务还是批评社会?是依附于社会还是独立于社会?是一面镜子还是一座灯塔?是迎合眼前的实际需要,还是传播及光大高深文化?"这些都需要我们深思。

有几个充分表明大学校长不媚俗的例子:1986年哈佛大学校庆,当时的美国总统里根希望获得哈佛大学名誉博士的称号,但哈佛大学校长德雷克·博克予以拒绝:"里根可以成为美国总统,但他难以获得哈佛的博士学位,因为这是学术称号。"人们称之为"两个President之争"。基辛格从国务卿岗位上卸任并退出政坛后,很想回到哈佛大学工作,但被哈佛大学校长婉言谢绝:"基辛格是个学识渊博的人。如果论私交,我和他的关系也不坏。但我要的是教授,不是不上课的大人物。"1957年北大校长马寅初在最高国务会议上提出他的"新人口论",受到当时权威的批判,但他说:"我决不向专以力压服,不以理说服的那种批判者们投降。"尽管他被迫辞去北京大学校长职务,全国人大常委之职也被罢免,公众的心中却并未消失,马老正直的身影和铿锵之声;历史证明,马寅初不媚俗,不迷信权威,他掌握了真理。

修炼正气,须能引领。大学不应脱离社会、孤芳自赏,而应当"与社会保持接触",并"以自己的实力和声望"对科学和重大而紧迫的社会问题、社会现象进行研究,从而对社会可能采取的行动与对策产生影响。赫钦斯说:"大学是一个瞭望塔。"在改革社会中应发挥积极的作用,成为承担公共服务的必不可少的工具,应不惜一切代价加强各种创造性的活动,引领社会前进。普林斯顿大学原校长弗莱克斯纳认为:大学必须经常给予学生一些东西,这些东西并不是社会所想要的(want),而是社会所需要的(needs)。不管社会如何变化,在任何情况下,大学都有对于知识和思想保存的责任，能不断引领社会发展，而不是一味地适应社会。因此，大学领导者应有能力通过引领大学发展来引领社会发展。

底气是做人之本

一个优秀的领袖还必须有底气。底气是做人之根本、根基、根源。底气足，才有真本钱，才有发言权，才有凝聚力和号召力。底气的表现形式就是说话的分量、人格的魅力、个人的影响力，就是群众的归属感、信任感和敬仰感。作为大学领导者，必须要有充足的底气。有了充足的底气，才能确立威信，促进事业的兴旺发达，实现大学的价值。充足的底气需要磨练和积累，需要全身心地培育和修炼。

> **【领袖语录】**
>
> 不要把知识与智慧混淆，知识告诉你怎样生存，智慧告诉你如何生活。

修炼底气，须立大志。底气源于理想和信念。理想和信念是大学领导者的基本内在修养。大学最根本的社会功能就是储存、创造和传递人类文明。大学要创造新的人类文明就要为了真理而追求真理。追求真理本身就是目的，因此，它天然地反对功利主义。大学还要负载价值，守望社会精神文明，给人类以极大关怀。因此大学领导者要树立追求真理、献身真理的大志向。要坚信我们所从事的事业是正义的事业，是伟大的事业，责任崇高而神圣，任务光荣而艰巨。

修炼底气，须善实践。能力是底气的表现。大学领导者在专业上要做专家，管理上要做行家，必须勤于实践善于实践。以华中科技大学历任领导者为例，他们都是善于实践的典范。朱九思提出"敢于竞争，善于转化"，"科研要走在教学的前面"，大力加强科学研究；杨叔子坚持"高筑墙，广积人"，大力加强师资队伍建设；周济实践"以服务求支持，以贡献求发展"，大力发展社会服务等。正是历届领导者励精图治，实践创新，硬是把一所名不见经传的大学建设成了一所国内外知名的大学。由此可见，大学领导者应该是实践者。他不一定是管理学科的专家，但深谙教育管理之道，善于行政管理，精于用人之道，具有解决和处理各类大学矛盾的能力。

他不一定是专门的政治家,但能够把握大学正确的发展方向,提出适合大学长远发展的办学思想与理念,用先进的办学指导思想推进大学的建设、改革与发展。

修炼底气,须敢成功。成功的大学,领导者会更有底气,有底气的领导者会把大学引向更加成功的境地。正是由于哈佛校长艾略特、劳威尔、柯南特、博克等人成功地将哈佛引向了成功,才使哈佛大学更有了底气;也正是哈佛大学的不断成功,才使哈佛大学的校长更有底气,从而进一步引领大学从胜利走向新的胜利。

大气是一种智慧

一个优秀的领袖还必须有大气。大气,就是大气度、大胸怀、大气魄,大爱心。大学应该有大气。江泽民同志在北大百年校庆时讲:"大学,应该是培养和造就高素质的创造性人才的摇篮,应该是认识未知世界、探求客观真理、为人类解决面临的重大课题提供科学依据的前沿,应该是知识创新、推动科学技术成果向现实生产力转化的重要力量,应该是民族优秀文化与世界先进文明成果交流借鉴的桥梁。"完成这一使命,"大学的党委书记和校长,应该成为社会主义政治家、教育家。"因此,大学领导者应该有大气。

修炼大气,须有大视野。大学之大,根本取决于它的两大直接产品:学术和学生,以及铸成这两大产品的模具:学者、学长和学风。因此大学之大,乃在于学术之大、学生之大、学者之大、学长之大、学风之大。大学领导者要有宽广的视野、开放的精神,兼容并蓄,善于从复杂的现象中看到事物运动的基本态势,抓住基本规律,从眼前的利害中超越出来,突破经验的束缚,对社会需求进行全局的、客观的把握,穿透眼前,看到长远。大学发展的历程证明,大学领导者的视野往往决定大学的发展。纽曼的传统大学观把大学看作是"一个居住僧侣的村庄",弗莱克斯纳的现代大学观把大学看作是一个城镇,而克拉克·克尔的多元化巨型大学观则把大学看作是"一座充满无穷变化的城市"。可见领导者的视野决定大学的视野。哈佛大学校长萨默斯以国际视野改革大学教育，强调哈佛新课程改革要给本科生更多的到国外学习的机会。

修炼大气，须有大胸怀。"一个人胸怀有多大，才能做多大的事业。"大学具有天然的包容性：首先是学科包容。大学包容了传统基础学科，还包容了跨学科、边缘学科和应用学科，甚至为那些已经乏人问津的学科以及尚未获得广泛承认的学科与知识领域留有一席之地。其次是学者包容。大学包容各种各样的学者和学生，甚至为个别行为、个性和思想方法奇特的学者创造宽松环境，使他们按自己的习惯从事活动。再次是学术包容，即包容学术上的各种不同见解。因此，大学领导者在办学理念上，要有开放意识和世界眼光，以昂扬的气势迎接各种挑战，以仁厚的情感容纳学生，以宽容的精神对待学术，以谦虚的心灵接纳新知识；要在选用人才上，有"海纳百川"的大气，以开放的胸怀招揽人才，以宽广的眼光选用人才；在具体工作上，要有团结友爱的胸怀、互以对方为重的风格，要搞五湖四海，不搞小圈子，做到坦坦荡荡、光明磊落，容人、容事、容言。如果说大楼、大师是大学的硬件，大气则是软件，软件与硬件同样重

【领袖语录】

气不和时少说话，有言必失；
心不顺时莫做事，做事必败。

要。在一定意义上，甚至可以说软件比硬件更重要。1953年出生的安德鲁·怀尔斯，10岁时对世界难题费马大定理着了迷，于是立志搞数学。他32岁成了普林斯顿大学教授后好像突然消失了，学术会议不参加了，论文也没有，有人说他江郎才尽了，有人说应该解聘他，但普林斯顿大学校长不为所动，仍然聘他为教授，表现出了大学的大爱，终于在9年后的1994年，安德鲁·怀尔斯破解了费尔马大定理，轰动世界，也使普林斯顿大学声名远扬。

修炼大气，须有大手笔。有了大手笔，才会有大发展。大手笔，要有大气魄，要有超越、怀疑、批判精神。要超越各种形式的禁锢和守旧观念，挑战各种历史理论和权威，深刻批判与反思，进行前提性追问、主体创造与建构。正是因为洪堡的大手笔才使柏林大学得以振兴，成为研究型大学的

【领袖语录】
　　遭遇鄙视是因为你对别人有威胁，或者有价值，是值得欣慰的。

楷模，从而使大学具有科学研究的职能；正是范海斯的大手笔，提出"威斯康星州的边界就是威斯康星大学的边界"，才使美国大学得以崛起，从而使社会服务成为大学的第三大职能；也正是蔡元培的大手笔改造旧北京大学，才使北京大学焕发出新的青春活力，成为真正意义上的现代大学。大学领导者要有大手笔，就要敢于有所为，有所不为，有所舍弃，敢于砍掉不适合自己学校发展的东西；有所为，有所先为，有所后为，敢于在自己的位置上创新、创造不可替代的业绩。

锐利的士气

　　一个优秀的领袖还必须有锐气。《淮南子·时则训》所说的"锐而不挫"，彰显的是不畏困难和挫折的精锐士气。锐气就是要有一股子劲，始终保持一种向上的进取姿态，保持高昂的工作热情和工作韧劲。锐气就是在成绩面前不忘乎所以，在困难面前不灰心丧气，不断适应新形势，研究新情况，解决新问题，做到"苟日新，又日新，日日新"。有锐气，才能有所作为，有所建树。

　　修炼锐气，须讲批判。大学是知识传递与生产的场所，是新思想的重要发源地。不论是知识的传递与生产，还是真理的探求，都应该建立在大学批判责任基础之上。德国社会学家海因兹·迪特里奇尖锐地指出："今天的大学是一些被阉割了的机构，大学教育脱离大多数人的生活现实，研究质量低下，教育道德沦丧。"作为大学领导者要弘扬大学的批判责任，鼓励和支持大学继续扮演那种绝对真理、社会公正和道德良心守护神的角色。

　　修炼锐气，须讲创新。加拿大阿尔伯塔大学校长罗德里克·德·弗雷泽认为，大学领导者的主要职责有三项：第一，吸引最好的学生到学校读书；第二，吸引最好的教职员工到学校工作；第三，为教职工、学生提供足够的资源，营造积极的氛围，使师生能够有效地学习、创造性地开展学术与科研工作,保证他们发挥最大潜力。大学要做好这些工作,没有具备创新意识和创新能力的领导者是不行的。创新是大学保持生命力的关键所在。历史证明,不满足于现状,勇于改革和创新是优秀大学领导者共同的特征之一。哈佛大学原校长劳威尔说在他任校长的 24 年里,有四大创新:一是设立主攻课和基础课制度,二是设立住宿学院制度,三是设立导师制度,四是设立荣誉学位制度。这些都为哈佛大学的进一步发展奠定了基础。

修炼锐气,须养个性。牛津大学原校长纽曼是一个有个性的校长。他认为:大学是传播普遍性知识的场所。知识本身即目的。教育是理智的训练。大学是为传授知识而设的,"如果大学是为了研究,我不知道大学为什么要那么多学生"。他的个性造就了牛津大学

【领袖语录】

　　没有人可以打倒你,打倒你的只有你自己。

的辉煌。柏林大学原校长洪堡认为,大学的基本组织原则就是两条:自由和宁静,教师和学生为科学而共处,自由地进行各种学术上的探讨。他的个性使柏林大学很快崛起。威斯康星大学原校长范海斯认为,大学的基本

任务是把学生培养成有知识、能工作的公民；进行科学研究，发展创造新文化、新知识；传播知识，把知识传授给广大民众，使他们能够运用知识解决经济、生产、生活、政治等方面的问题。这种理念引领大学走出了古典大学的围墙，使大学获得了新的生命。曾经被毛泽东评价为"学界泰斗，人世楷模"的蔡元培，不仅提出了"囊括大典、网罗众家，思想自由、兼容并包"的著名办学方针，铸就了"北大精神"，更重要的是，他具有"外和内介、守正不阿，勇于任事、敢于负责，宽容大度、民主平等，严于律己、廉洁奉公"的个性，改造北大，铸就了北大的辉煌。

领袖素质

　　远大的理想。纵观历史中的领袖都有远大的抱负，所谓吞吐天地之志。拥有这样的理想才能塑造其人格魅力。人们追随他，绝不仅仅因为他长得帅，而是因为他能带给人们希望，给人们一个远大而美好的憧憬。

大学在青少年成才中的作用

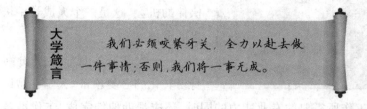

大学
箴言

　　我们必须咬紧牙关，全力以赴去做一件事情；否则，我们将一事无成。

做一个知书达礼的人

　　大学可以让我们自我发展与完善，大学不仅能帮助学生"读书明理"，更能帮助学生提升修养、品质、智慧。大学教育对于年轻人形成人生观、社会价值观，对于发现和理解生命的意义和人的社会价值有极大的作用。大学是人们的精神家园。

　　青少年作为明日的社会精英，在大学期间除了读好本科课程外，亦应把握所有机会与同窗多交流，多沟通，以培养人际沟通技巧，学习聆听，也多表达意见。这些同侪间的互动、不断的切磋砥砺，对于培养个人自信心、提高分析和自省能力都有莫大裨益。

　　大学在现代已经逐渐发展成高等教育系统，由各种类型的高校组成，不同类型的高校的社会职能与社会定位、人才培养目标、对学生的要求、教育教学模式各不相同。就读不同的高校通常与不同的职业生

涯发展有着较为密切的联系。选择大学，应当是个人对大学意义与价值和自身发展设想充分认识基础上的理性判断。从一般意义上讲，今天的大学至少能为学习者提供以下服务。

——大学是探究未知世界的场所。具有好奇心的年轻人与致力于探究未知世界的教师结成共同体，大家志同道合，在满足好奇中推动人的发展和社会发展。这样的职能是其他社会机构无法替代的。

——大学是年轻人交往的地方。大学把四面八方、有着各种文化背景、生活体验与经历的学生汇集起来，让年轻人相互交往并且相互学习，为每一个学习者提供发现不同的交往伙伴的机会。这是一个人成长中极为宝贵的财富。

【领袖语录】

信仰比知识更难动摇；热爱比尊重更难变易；仇恨比厌恶更加持久。

——大学是实现学生身份到工作身份转化的必要预备。大学在帮助学生形成工作所需要的专业能力的同时，还应帮助他们完成"工作准备"，形成个人就业的"配置能力"（个人在就业市场上发现机会、自我判断、抓住机会实现就业的能力）。大学对学生在心理、文化、人际交往、专业等方面的训练，正是为了能有这样的"配置能力"。这是推动学生转型为"职业人"的社会化过程。

——大学帮助年轻人获得安身立命的专业能力。高等教育往往决定多数人终身的专业方向和职业领域，它帮助学生形成专业化的劳动能力，在今天这样分工高度专业化的社会，专业教育具有关键作用。

做适应社会需要的人

现代大学将越来越难以提供人们曾经期待的那种"社会地位配置"作用，而"回归"教育机构的本质。所以，大学生要认真把握大学能提供什么和自己需要什么，在大学里努力提升综合素质和专业能力，给自己的未来加注尽可能多的"能源"。

随着世界格局的变化,特别是东西方阵营的瓦解和各国发展模式的调整。原有政治主导或经济主导的状况相应改变。大学的普及成为影响青少年发展的重要因素,也引起青少年组织与社团的高度重视。大学为青少年学习提供动力的同时,为青少年组织与社团开展各种服务、活动、教育提供了机遇。

领袖素质

　　超常的适应能力。领袖的路并不一定是一帆风顺的。有前呼后拥的壮观场面,也有独自一人的低谷阶段。能够适应时局的起落变化,不被挫折打倒,不被胜利冲昏头脑是领袖的生存之道。

伟人的性格特点

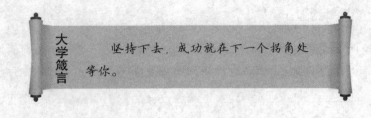

大学箴言　　坚持下去，成功就在下一个拐角处等你。

非智力因素的作用

现代心理学研究表明，一个人的非智力因素(性格是其中一个重要方面)在一个人的成才中占有十分重要的作用。一个人具有优良而成熟的性格就能最大限度地发挥自己的精神力量，并能与环境中的他人建立和谐良好的关系。一个人的性格还是其自身品德、世界观的具体标志，是其精神面貌的综合反映和集中体现。

有人对享有盛誉、成就卓著的领导人的性格进行了研究，发现他们共同的性格特征是：实际、客观、求善、创新、坦诚、结交、爱生命、重荣誉、能包容、富有幽默感、悦己信人。这些性格特征是他们造福于人类的信仰的体现，对支持他们始终如一地为实现信仰而奋斗起了重大作用。

美国心理学家台尔曼对150名事业有成人士进行研究，发现性格因素与他们的成功有着密切关系。他们往往具有以下共同性格特征：第一，为取得成功的坚持力；第二，善于积累成果；第三，自信心强；第四，不自卑。考克斯对1450年至1850年400年间所出现的301位伟人进行研究，发现他们都有以下优秀性格特征：自信、坚强、进取、百折不挠等。

在社会实践中，对不同职业者还有不同的职业性格要求。例如，做医生要有严谨、认真、细心、安定的性格；做企业家要有独立、进取、坚强、开放、灵敏等性格；而作为军人就要有勇敢、坚强、果断、自制、机智等性格。不具备相应的职业性格特征的人，往往难称其职。

在日常生活和人际交往中，热情、真诚、友善的人受欢迎，生活也幸福；冷漠、虚伪、孤僻、不负责任的人受冷落，生活也多有不幸。

信念的作用

信念，是一种心理因素。信念领导力是战胜挫折、赢得机遇的前提，也是切实的方法。自信的人首先忠诚于自己的信念，这种信念融入你的言行、举止，让你的举手投足都在辅助你的语言所表达的信息，因而让人们相信你的能力和人格。作为一个领导者，信念坚定是战胜工作中的困难，力排干扰，把握时局，打开局面，果断决策和树立领导威望的一个重要的心理优势。

有了信念，才能以最佳心态开展工作、履行职责；有了信念，才能以饱满热情开创事业、完成使命。运动员在赛场比赛，要争得第一，争得一流，不可没有信念；求职者在人才市场应聘，要技压群芳，求得赏识，不可没有信念。一名领导干部，无论是作竞职演讲，还是就职表态，必须保持良好的心理素质和精神状态，以坚定的口气、热情的态度、积极的表现来赢得上级和群众的支持。

自信是一种认识和态度

自信是一种认识和态度，也通过人的风格来表现。美国形象设计大师鲍尔说："成功男人的风格反映在外表，而优雅来自内在，它是你的自信及对自己的满意，它通过你的外表、举止、微笑展示。"自信并不一定是天生

具有的,它可以通过后天的培养而产生。如果你在生活中认真观察,你会发现这种自信是有感染力的。

　　心理学家发现,外向的性格和信念是吸引和保持朋友的重要原因。由于自信,朋友和同事愿意跟随着你,上司也会对自信的人高看一眼。因为你具有自信的气势,让别人相信你能把任何事都变成现实。然而信念却不一定需要用语言来表达,它通过你的神态、语气、姿势、仪态等等,无声无息地、由里向外地散发着魅力。

领袖素质

　　服务大众的态度。领袖并不一定要用暴力主宰一切,事实上暴力统治一般不能长久。长久的领导艺术需要懂得如何服务大众,满足大众。

麻省理工学院
MA SHENG LI GONG XUE YUAN

大学为伟人提供了成才的环境

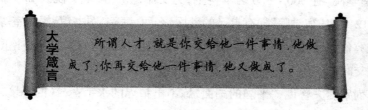

大学箴言　　所谓人才,就是你交给他一件事情,他做成了;你再交给他一件事情,他又做成了。

　　环境对人的心理和行为具有普遍制约作用。系统论认为,环境是第一个在系统周围能够广泛产生作用的场所和条件。人的心理机能是对环境的长期适应的结果,人的心理和行为取决于当前的刺激、个性特征、整个环境及特征。同时,环境与人的心理和行为是相互作用的,这种关系不仅表现在人类生存的自然环境与人的心理与行为的相互作用,也表现在社会环境与人的心理和行为的相互作用,环境对人的心理、行为产生普遍的制约作用,人的心理、行为又导致环境的改变。

　　心理学家考夫卡在其《格式塔心理学原理》一书中提出环境分为现实的地理环境与个人意想中的行为环境,他认为行为产生于行为环境,受行为环境的调节。另一位心理学家勒温在《拓扑心理学原理》一书中提出

动力场理论,该理论中的生活空间是指人的行为,也就是人和环境的交互作用。勒温所指的环境是指心理环境,是与人的需求相结合在人脑中实际发生影响的环境,由于人的需求的作用,使生活空间产生了动力,勒温称为引力或斥力。由于生活空间具有的动力,人的行为就沿着引力的方向向心理对象移动。

大学为伟人们提供了一个"宽松"与"紧张"适度平衡的环境。大学的环境往往会创造出一种特有的氛围。耶鲁大学模仿英国牛津大学和剑桥大学的模式,从 20 世纪 30 年代开始实行的"住宿学院"制沿袭至今,每个"住宿学院"有 300～500 名本科生,男女比例对等,配有院长和学监各 1 名。12 个"住宿学院"拥有自己的餐厅、客厅、庭院、图书馆、娱乐室等。学校希冀借此使其学生所受的教育不仅仅局限于课堂知识,而且注重在起居社交时学到做人的道理,并从中获得终身的友谊。

列别捷夫曾说,"平静的湖面,炼不出精悍的水手;安逸的环境,造不出时代的伟人。"在这个高等教育良莠不齐的时代,一所真正的一流大学所能为国家和民族乃至整个社会做出的贡献是不可估量的。

领袖素质

引导舆论的能力。不得不承认,所有的领袖都要有非常好的口才。他必须时刻掌握舆论导向,让思想意识统一在自己的领导方向上。在管理学中,领袖是人际角色中的一类,有着激励和指导团队成员的责任。

第一章 认识麻省理工学院

　　美国麻省理工学院是美国一所综合性私立大学,有"世界理工大学之最"的美名。无论是在美国还是全世界麻省理工学院都有非常重要的影响力,培养了众多对世界产生重大影响的人士,是全球高科技和高等研究的先驱领导大学,也是世界理工科精英的所在地。麻省理工是当今世界上最负盛名的理工科大学,《纽约时报》笔下"全美最有声望的学校"。

第一课　麻省理工学院概况

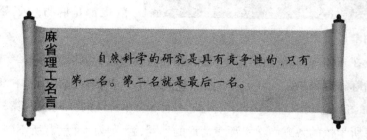

麻省理工名言

　　自然科学的研究是具有竞争性的,只有第一名。第二名就是最后一名。

　　麻省理工学院(MIT)位于美国马萨诸塞州的波士顿市,成立于1861年。经过150多年的发展,麻省理工学院现已被世界公认为与牛津、剑桥、哈佛等老牌大学齐名的、以理工科为主的综合性的世界一流学府。

　　麻省理工是当今世界上最负盛名的理工科大学,《纽约时报》笔下"全美最有声望的学校"。至2011年,先后有77位诺贝尔奖得主和45位罗德奖学金得主曾在麻省理工学院学习或工作。麻省理工学院的自然及工程科学在世界上享有盛誉,

其管理学、经济学、哲学、政治学、语言学也同样优秀。另外,麻省理工研发高科技武器和美国最高机密的林肯实验室、领先世界一流的计算机科学及人工智能实验室、世界尖端的媒体实验室和培养了许多全球顶尖首席执行官的斯隆管理学院也都是麻省理工赫赫有名的宝贵资产。

在名称方面,麻省理工学院正确的翻译名应为马萨诸塞理工学院,但因为麻省理工学院的译名早在清朝时期便有,就将错就错用之。在北美洲,institute 是指(理工、工学、科技、技术、或专科性的)学校、学院、大学。依每所学校的各方面学术环境情形的不同,翻译成中文就有所不同。MIT(Massachusetts Institute of Technology)依其学校之院系规模跟学术环境翻译成中文应该是"马萨诸塞理工大学",但大部分说中文的人已经习惯用麻省理工(学院)这个称呼称之。

"既学会动脑,也学会动手"是麻省理工学院的校训,其创始人威廉·巴敦·罗杰斯在反思自己教育经历的过程中曾产生过创建一所"超过国内任何一所大学"的学校的想法,这所学校不仅仅是能传授工艺技能,重要的是要为学生们将来在工业部门工作打好科学理论基础。

罗杰斯认为透过教学与研究并且专注社会上的实际问题,是培养专业能力的最好方法。于是,100多年来麻省理工学院都致力于适合实际的教学和研究,并将"通过实验进行学习"作为学校的教

【麻省理工开放课程】

政治学开放课程:正义,美国政治思想,公民权与多元社会,政治经济学,劳工与政治,全球化,国会与美国的政治体制,比较卫生政策,美国外交政策的过去、现在与未来,环境政治。

育信条。

麻省理工学院是美国培养高级科技人才和管理人才、从事科学与技术教育和研究的一所私立大学。麻省理工学院的师资质量和水平是公认的，共有近1000位教授，1∶10的低师生比例确保了这么多优秀学生始终都能得到第一流的指导。

当然，这并不能改变其学生负担过重的现实，在这儿学习被比喻为"从消防水管中找水喝""学习、睡眠和朋友三者必舍其一"——精英就是这样被磨炼出来的。

院系设置

根据专业的分类，麻省理工学院被分成了如下6个学院：

1.建筑及城市规划学院：建筑学、媒体艺术与科学、都市研究与计划。

2.工程学院：航空太空工程、生物医学工程、化学工程、土木工程、环境工程、电机工程、计算机科学与工程、资讯科学、核子工程、机械工程、材料科学与工程。

3.人文及社会科学学院：人类学、比较媒体研究、经济学、文学、历史学、语言学、哲学、音乐与戏剧艺术、政治学、女性研究、写作计划组。

4.阿尔佛雷德·P·斯隆管理学院：管理学。

5.理学院：数学、物理学、化学、生物学、脑与认知科学、地球科学（包括大气科学和行星科学）。

6.维泰克健康科学技术学院研究生院共有六所：建筑及城市规划研究生院、工科研究生院、人文社会学研究生院、斯隆管理研究生院、自然科学研究生院、健康科学研究生院。

学校可授予的学位包括：理学学士（Bachelor of Science）、城市规划硕士（Master in City Planning）、建筑学硕士（Master of Architecture）、理学硕士(Master

> **【麻省理工开放课程】**
>
> 政治学开放课程之二：领土冲突，东亚国际关系，军事组织之创新，民主的兴起与没落，当代日本政治与政策，地产权的变革，内战，军民关系，博弈论与政治理论，政治参与形式与政策，战争起因等。

of Science)、工程硕士（Master of Engineering)、哲学博士（Doctor of Philosophy)、电子工程博士（Electrical Engineer)、理学博士（Doctor of Science)等。

由于对工程、科学和艺术的侧重，麻省理工学院既没有法学院，也没有神学院。自1970年起，与哈佛系学院合作创建了哈佛-麻省理工卫生科学与技术部（Harvard-MIT Division of Health Sciences and Technology)，专门培养生物医学方面的特殊人才。

该大学的工程系是最知名、最多人申请入读和最"难读"的学系，并曾一连七届获得美国工科研究生课程冠军，其中以电子工程专业名气最响，紧跟其后的是机械工程。其余的学科如物理学、化学、经济学、哲学、政治学也都获得好评。

麻省理工小百科

　　麻省理工学院是美国一所综合性私立大学，有"世界理工大学之最"的美名，位于美国马萨诸塞州的波士顿市，查尔斯河将其与波士顿的后湾区隔开。今天的麻省理工学院无论是在美国还是全世界都有非常重要的影响力，培养了众多对世界产生重大影响的人士，是全球高科技和高等研究的先驱领导大学，也是世界理工科精英的所在地。

第二课　麻省理工学院的魅力

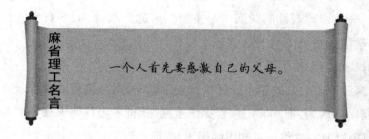

麻省理工名言

一个人首先要感激自己的父母。

2001年4月，麻省理工学院宣布，将把2000余门课程陆续摆上互联网，这项开放课程计划OpenCourseWare引起了强烈反响，在一些大学希望以远程教育牟利的时候，麻省理工学院宣称，所有课程免费是对社会的回馈。《连线》杂志称之为"开放源代码式的高等教育"，他们随后的统计显示，哲学、电子工程及计算机、数学、物理是最受欢迎的课程。2010年9月，麻省理工的开放课程已经有多种语言版本和多种镜像，但有心人做出统计，51%的访问者只贡献了一个PageView，也就是说只看了一页，29%的访问者看到了5页以上，只有6%的访问者浏览内容

【麻省理工开放课程】

　　科学,科技与社会开放课程之一:美国历史上的科学技术,迈向科学革命,美国之疾病与社会,工业景观,美国历史中的科技与性别,大脑与文化,爱、谎言与神经传导物,跨学科的科学可视化等。

超过25页。70%的访问者只来一次,那些只看一页的访问量忽略不计,开放课程网页上的学习者平均只逗留了11分钟。分析者称,绝大多数访问者把开放课程当作维基百科来使用,到这里只为找到他们想要的东西,他们才不会跟着电脑完成基础物理的学习。当年,开放课程被认为是"教育民主化"的尝试,甚至是应该获得诺贝尔和平奖的理念,世界上最好的理工科大学将他们的课程免费提供给第三世界国家的年轻人,但此后的评估显示,开放课程资源的访问者最主要的来源是教师,而非自学者。麻省理工学院的优势学科——电子工程和计算机科学、数学、管理、物理、经济和机械工程,是最受欢迎的项目。

　　麻省理工学院的第十五任校长查尔斯·维斯特是开放课程最重要的推动者,他认为,把2000门课程提供上网,让世界上任何人在任何时间都可以任意使用,这将促进知识的构思、成形和组织过程。"计算机产业从封闭性软件系统中吸取了惨痛的教训,这种以独占知识为基础的系统并不适合它们自己创造的世界。开放式软件和开放式系统构成的有机世界才是真正的未来趋势。"他断言,开放课程的资源并不是一种教学模式,而是院校之间的资源共享,是一种学术发表方式,其精神如LINUX自由软件一样。他说,"我们将生活在不断发展的电子学习社区中,各种了不起的新技术将帮助我们学习。我们一生的学习方式都将受到数字媒体、互联网以及尚在开发中的设备和系统的深刻影响。对此,我深信不疑"。

　　理查德·费曼,这位麻省理工学院的毕业生,在普林斯顿、康奈尔大学、加州理工学院等著名学府闯荡多年,在他那本著名的《别闹了,费曼先生》中,他这样谈论麻省理工学院——"我从不同的学校,学到的东西各有千秋。麻省理工学院是个很好的学校,有它独特的精神,学校里每个人都认为它是全世界最美好的地方,相信它是全世界——至少是全美国——科技发展的中心,就好像纽约客看纽约市的情形一样。你会有一种和他共生的奇妙的参与感，很想继续参与下去——他们都觉得自己是得天独厚的一群，运气好才能待在那里。"

麻省理工学院的确把课程免费提供给了全世界，但同时他们也把全世界都带到校园里。这所学院一向以变化教学方法、应对现实问题著称，在数字时代，来到

【麻省理工开放课程】
　　科学，科技与社会开放课程之二：评论概要，科技与文化，危机世界中的科学技术，环境冲突与社会改变，工程革命的结构，冷战中的科学，创意学习的技术，科技之文化历史。

这里的孩子们早已习惯通过互联网学习，他们在校园又会体验到什么样的魔力？杰苏尔·阿拉莫教授创办了一种可用于微电子设备的网络实验室，学生可以二十四小时在任何地方使用。建筑与规划学院的学生，可以将他们的设计提交给世界上最著名的设计师进行评判，一个班级可以有多名专家进行在线的团队教学。电磁学的课程将完全在工作室，没有讲座，学生们要动手做实验，这个项目叫"技术促进主动学习"。维斯特承认，现在的环境是以多种不同形式呈现、接受和传递信息，学习者借助各种技术和自己的五种感官在学习，许多新的教学方法只是皮毛，但麻省必须参与到这个试验当中，怎样在一个信息时代学习和创新，是一所伟大学校应该探讨的课题。

麻省理工小百科

　　至 2011 年，先后有 77 位诺贝尔奖得主和 45 位罗德奖学金得主曾在麻省理工学院学习或工作。经过麻省理工学院几代人坚持不懈地努力奋斗，时至今日，但凡有人提起"世界理工大学之最"，人人皆推麻省理工学院。

第三课　麻省理工学院的发展

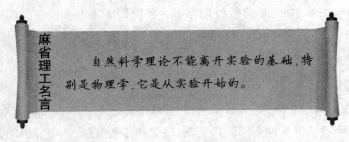

麻省理工名言

自然科学理论不能离开实验的基础,特别是物理学,它是从实验开始的。

从1861年建校到现在,麻省理工学院已经走过了150多个春秋。纵观麻省理工学院的发展史,可谓是曲曲折折,一路上留下了太多的拼搏和竞争的脚印。从技术性的工学院发展成为科技性的理学院,到现在的世界名牌综合性研究大学,学院的每一次突破都为以后的发展奠定了基础,而且在突破过程中浸透了学校领导及学校自身太多的心血和汗水。

工学院的诞生

1861年,在著名的自然科学家威廉·巴顿·罗杰斯的努力下,麻省理工学院诞生了。这位第一任校长,强调工程技术的实用性和实效性,但并非狭隘的纯粹的技术教育。他提出学院的一条宗旨是:"提供一般的教育,使其在数学、物理和

【麻省理工开放课程】

斯隆管理学院开放课程:企业决策的经济分析,应用宏观与国际经济学,经理人的博弈,经理人的应用经济学,系统最优化,数据挖掘,数据解读,网络最优化,整数规划与组合最优化等。

自然科学、英语和其他现代语言及其心理学和政治学的基础上,为毕业生在毕业后能适应任何领域的工作做好准备。"罗杰斯校长虽然提到了物理、自然科学和其他学科,但刚起步的麻省理工学院只是为工学院服务的阶段,是典型的技术工程大学。刚开始学院只设立了机械系、土木工程系和化学系,学校授予学生的是"培养机械师、土木工程师、建筑师、采矿工程师和实用化学师等若干行业人才的知识。"麻省理工学院是在美国南北战争爆发后诞生的,从刚开始的专业设置可以看出学校以培养科学技术人员为目的的,这种类型的人才模式刚好与美国正在兴起的工业经济所需人才吻合。从此,一所全新的、适应劳动力市场需求的学校终于诞生了。

理工学院的发展

麻省理工学院成为真正的理工学院应该从美国物理学家、美国物理学会会长康普顿担任学校校长算起也就是1930年。在此之前,麻省理工学院一直是为国家服务的工学院。

1930年,康普顿担任麻省理工学院校长。他提出:没有一流的理学院就没有一流的工学院,随后就建立了独立的理学院。康普顿校长办学方向

很明确,就是要加强基础学科教育,把基础学科提高到工程学科同等的地位,并强化应用学科与基础学科的联系,使应用学科的发展建立在基础学科的基础上。

在康普顿担任校长期间,最突出的贡献之一是加强物理学科建设,以物理系为突破口来加强基础学科的建设,并且于1931年建立了光谱学实验室,于1932年建立了伊斯曼理化实验室,于1940年建立了雷达实验室。除此之外,他从哈佛大学聘任了年仅29岁的物理学家斯曼特为物理系主任,斯曼特又聘任哈里森和格雷夫等人,这样就大大加强了物理系的建设。名师出高徒,麻省理工学院这么多优秀的物理大师为后来的诺贝尔物理学奖获得者提供了最好的学科指导者。并且,学院开始加强人文科学的重要性,开设大量新学科,

建立了许多跨学科的实验室和研究中心。从此,麻省理工学院也就由传统的培养技术员的院校发展成为一所造就“能够处理涉及组织、生产和开发的困难问题的领袖”。康普顿的领导为麻省理工学院在二战中发明军事尖端技术和美国战后迅速崛起打下了坚实的基础。

综合研究型大学的崛起

一所真正的综合研究型大学不能只有理工学院还必须有出色的文科学院。1949年,吉利安教授接过康普顿手中的麻省理工学

院,开始了麻省理工学院由理工学院向综合研究型大学发展的历程。吉利安校长在发展文科方面最主要的贡献是建立了人文与社会研究学院,也就是现在的人文与社会科学学院。他把人文与社会科学提高到与理工科学同样重要的地位。这也是后来省理工学院的语言学和政治学成为美国一流学科的重要因素。

早在1946年,麻省理工学院的刘易斯教授就为发展人文学科学提出了著名的刘易斯报告。报告指出:麻省理工学院应该不仅能够创造新的科学和革新技术,而且还应该能够在它们与人的价值观念和人类的希望联系起来,学院有责任预见科技发展对社会的影响,学会如何以人道的方式处理新的技术问题。

吉利安教授非常支持刘易斯报告中提出的观点,开设了音乐、文学、历史、哲学、写作、人类学和心理学等新的学科。他还提倡跨学科的研究,这就为信息论和控制论的建立提供了政策支持。

吉利安在学校的课程改革使麻省理工学院成为培养具有科技和人文

素养结合的综合性人才。

对于社会来说，人文科学的发展确保了科学技术在特定的文化背景和社会结构类型中发挥正面的作用和影响，将人文科学的价值体现在用于解决世界和平、民族矛盾、文化差异、贫富差异和宗教信仰等问题的上面。

麻省理工小百科

　　麻省理工学院蜚声海外，是世界各地莘莘学子心驰神往趋之若鹜的科学圣殿。麻省理工学院的自然及工程科学在世界上享有盛誉，其管理学、经济学、哲学、政治学、语言学也同样优秀。另外，麻省理工研发高科技武器和美国最高机密的林肯实验室、领先世界一流的计算机科学及人工智能实验室、世界尖端的媒体实验室、培养了许多全球顶尖首席执行官的斯隆管理学院也都是麻省理工赫赫有名的宝贵资产。

第四课　麻省理工名人榜——"世界总统"科菲·安南

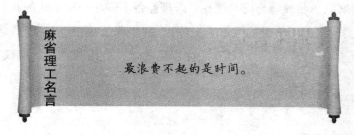

麻省理工名言

最浪费不起的是时间。

个人简介

科菲·安南，全名是科菲·阿塔·安南（Kofi Atta Annan），加纳库马西人，联合国第七任秘书长。他是一对双胞胎之一，孪生的姐姐在1991年去世。安南1972年毕业于麻省理工学院，通晓英语、法语及非洲多种语言。2001年，他被授予诺贝尔和平奖。2012年8月2日，安南决定辞任叙利亚危机联合特使，并指安理会缺乏团结。

2006年12月31日午夜，科菲·安南为自己人生最辉煌的一段时光画上句号，十年甘苦都成为了历史。十年秘书长生涯，他曾奋力将巨石推上山巅，也一度在重压之下抑郁失语。安南说：人可以离开联合国，但无法让联合国脱离我心。回望安南十年路，功过任人评说。安

南在1997年1月1日年至2006年12月31日两个任期内,以他的睿智思想和不懈努力,巩固了联合国在国际事务中的地位,促进了多边主义的进一步发展。他倡导集体安全、全球团结、人权法治,维护联合国的价值观念和道德权威,他也是2001年诺贝尔和平奖获得者。

2012年2月23日,安南被任命为叙利亚危机联合国与阿拉伯国家联盟(阿盟)联合特使。他提出六点建议,包括立即停止在平民区使用重型武器并撤出部队、叙政府与反对派在联合国监督下停止一切形式的武装暴力行为、实现每天两小时的人道主义停火、加快释放被任意羁押者、确保记者在叙全境的行动自由、尊重法律保障的结社自由与和平示威权利等。2012年8月2日安南宣布在今年8月底特使任期结束后,他将不再续任联合国—阿盟叙利亚危机联合特使一职。

生平经历

科菲·安南,1938年4月8日出生于加纳库马西市,早年就读于加纳库马西理工大学,曾到美国和瑞士留学,先后获美国明尼苏达州麦卡莱斯特学院经济学学士学位和麻省理工学院管理学硕士学位。1962年,安南进入联合国工作,先后在联合国非洲经济委员会、联合国总部、联合国日内瓦办事处、联合国难民署和世界卫生组织等部门工作。1974年中东"十月战争"后,他担任驻开罗的联合国紧急部队民事长官。20世纪80年代初,安南调回联合国总部,先后担任人事和财政部门的领导工作。1986年升任联合国助理秘书长,负责人事厅的工作。

1990年海湾战争爆发后,安南负责同伊拉克谈判释放联合国及其他国际组织工作人员的人质问题。此后,他率联合国小组同伊拉克进行了"石油换食品"的谈判。1993年3月,安南出任联合国负责维持和平事务的副秘书长,主管联合国在世界各地的维和行动。曾作为负责前南斯拉夫地区的联合国秘书长特使和赴北约特使,协调有关国家的关系。

1996年12月17日,第51届联大任命安南为联合国第七任秘书长。1997年1月1日,他正式就职,任期5年。2001年6月,联大通过安理会提名安南连任秘书长,任期至2006年12月31日。安南担任秘书长期间,曾于1998年赴巴格达进行斡旋,化解了伊拉克武器核查危机。2001年10月,安南与联合国同获当年诺贝尔和平奖。2005年3月,由美联储前主席沃尔克领导的独立调查委员会发表报告指出,安南在伊拉克"石油换食品"计划实施过程中没有任何腐败行为。

安南曾于1997年5月、1998年3月、1999年11月、2001年1月和2004年10月五次访华。安南于2006年5月正式访华。

婚姻生活

夫人娜内·拉格尔格伦(NaneLagergren)生于瑞典斯德哥尔摩,是一名职业画家,其父贡纳尔·拉格尔格伦是著名的国际法学家。拉格尔格伦曾担任过律师和法官,并在联合国难民事务署工作过。安南夫妇均为再婚,1981年结婚,有3个孩子。

东奔西走的生活也让安南付出了代价:和他第一任妻子的婚姻亮起了红灯。早在20世纪70年代中期,她就不再像他们新婚不久周游欧洲时那么快乐了。1964年,他们在日内瓦经朋友介绍相识。他当时在世界卫生组织任职,这位比他小两岁的尼日利亚女子在瑞士学习语言。第一次相遇后不久,他们便结成了一对,1965年他们

> **【麻省理工名人】**
>
> 奥利弗·威廉姆森,"新制度经济学"的命名者,获得2009年诺贝尔经济学奖,1955年获得麻省理工学院管理学士学位。

在日内瓦结婚。蒂蒂·阿拉基亚,安南从此叫她蒂蒂,出身于尼日利亚的一个显赫的名门望族。和安南的父亲一样,她的父亲阿德耶莫·阿拉基亚爵士也是"酋长",而且也是尼日利亚最高法院的法官,甚至被英国封为骑士。此外,他还创办了一份尼日利亚的报纸《时代日报》。他的名字在拉各斯可以说是家喻户晓,随便到哪条街上问,谁都知道他的大名。

蒂蒂·安南有一段求学时间是在英国的一所寄宿学校里度过的,她在还没有真正投身到自己的职业生涯之前就结婚了。有了婚姻生活之后,她只是阶段性地工作,比如在亚的斯亚贝巴,她做过秘书。但大部分时间她是作为家庭妇女度过的,照顾好自己的丈夫。每次,只要安南调换工作了,她就跟着他走。她和他一起去亚的斯亚贝巴,20世纪60年代末到纽约学习一年,后来到剑桥的麻省理工学院,去加纳,然后再回到纽约。他们俩总共有两个孩子:女儿艾玛出生于1969年,儿子科乔出生于1973年。

对蒂蒂·安南来说,孩子出生之后——"他们给了她乐趣"——正如她后来回忆的那样,总是将随身衣物托运打包,到哪儿都是重新开始,寻找新的朋友,而且常常和艾玛、科乔一起等着她的丈夫从办公室回到家里,这样的生活并不轻松。这并不是说,他们的婚姻从一开始就是不幸福的。至少她是这么认为的。她谈起过他们度过的"美妙时光",而且直至今日,她仍然将她的前夫视为两个孩子的了不起的父亲,是一个镇定自若的人——她认为这是"上帝的礼物",并且也视他为一个非常"合群的和喜欢交游的人"。那一段时间,即便从表面上看,他们俩也被认为是一对完全和谐的夫妇,因为谁也没有从另一个人的生活中消失。当时的朋友们将蒂蒂·安南看作是一个富有魅力、懂得世道常情、热情大方、喜欢享受生活的人，尽管出生在特权阶层，但仍然是一个特别讲求实际的人。而安南也始终被认为是这样的一个人，他能够以一种克制的方式接近他人，并且可以将很大的一个朋友圈保持下去。尽管如此，他们俩还是在20世纪70年代末分手了。她到伦敦定居，他先是去了纽约，后来去了日内瓦。

　　安南不喜欢，也特别少地谈起他的第一次婚姻生活的情况或者婚姻失败的原因。蒂蒂·安南也对某些细节问题语焉不详，但从他们的解释中可以看出，在三大洲中频繁更换工作，这种动荡不安的奔波生活不是特别有利于他们的家庭和睦的。和人们普遍的想法不同，这样的国际生活恰恰不是一件顺心如意的事。她叙述过孤独的时刻、艰难的居住条件、随时做好动身的准备，还有她住在那些宾馆房间里，而自己的丈夫却早已奔赴另一个工作岗位了。相反的是，她的丈夫可以为了一个更好的职位而同意一次又一次的变动。"于是他就情愿一而再、再而三地搬家。"她叙述说，分手是她首先提出来的：她突然一走了之了。后来，她是愿意回心转意的，可是他不肯回头了。

　　20世纪70年代末，他们各奔东西，那时两个人都40岁左右，正处在人到中年阶段。正如她叙述的那样，等到1983年他们最终离婚的时候，科菲·安南的生活中已经有了新的女友了：娜内·拉格尔格伦。一年后他和她结婚。蒂蒂·安南没有再次走进婚姻的殿堂。在她的祖国尼日利亚，有时候她仍被认为是科菲·安南的妻子。"这是非洲的一种传统，你做过他的老婆，就永远是他的老婆。"尽管伴随他走过他最初的职业生涯，但蒂蒂并不为自己目前不在这位联合国秘书长的身边而感到悲哀。"如果我注定能站在这个位置上的话，那我今天一

定就在那儿。"这位虔诚的基督徒直截了当地说。

分手之后,这对前夫妇达成一致,儿子科乔留在父亲身边,让他上一所国际学校,直至像姐姐艾玛一样,大到足以去上寄宿学校为止。所以,70年代末,安南处在一个对男人而言相当不寻常的境况下:他是一个独自养育孩子的单身父亲,必须兼顾工作和家庭,以便让科乔少受痛苦的折磨。他"必须顽强战斗",儿子如此描述父亲当时的情形。安南感觉到时间太紧张了,于是,半年后,他请了一个女佣。尽管如此,他还是尽可能亲自到学校接儿子,把他带回家,自己却常常还要再回到办公室的写字台旁。正如他后来喜欢承认的那样,这是一个艰难的分身术,然而他却远比一个处在同样情景下的女子更为轻松地解决了这一问题。因为首先作为领导人,他有权确定会议在何时举行,第二,作为一名具有同情心的单身父亲,他可以完全信赖他的同事们。"在工作和家庭两者之间来回奔波,这对他确实不容易,但他的男性同事们对女性所持的态度和他不同。"

一直到80年代中期,他在日内瓦认识同样离异的瑞典女子娜内·拉格尔格伦之后,他的私生活才重新稳定下来。她比安南小6岁,作为法学专家任职于联合国难民署——和安南一样。她有一个女儿,名叫尼娜,她把她带在自己身边。对这位瑞典女子来说,日内瓦的这个职位是一个梦想,后来,为了跟随安南到纽约去,她只好内心无比不情愿地放弃了这一职位。科菲和娜内相识于办公室。"在此之前我们见过一次面",但他们真正地开始互相交流,还是在一位朋友举办的聚会上,这发生在娜内获得日内瓦的职位几个月之后。他们突然触电了。娜内·安南后来形容这一次会面"简直难以相信"。不过,到他们成为正式的情侣,还是有一段时间的,这是因为两个人待在共同的工作场所的缘故,或者还因为安南仍然存在着合法有效的第一次婚姻,但这次值得纪念的会面之后,两人的情感"相当强烈"了。

安南1983年调往纽约时,娜内在考虑了一阵后决定跟他一起去。纽约的联合国难民署没有她的职位,她只好提出辞职。在结束作为自由法学专家的几个短期合同之后,她放弃了这项投入了长达16年巨大热情的工作,将未来的时间投入到绘画艺术的研究中。这位事业有成的瑞典女子开始在科菲·安南的身边过起了一种崭新的生活。安南当时是联合国管理事务部下属部门的负责人。1984年,在他们搬家后不久,两人在纽约结婚了。他们并没有去曼哈顿的任何一所教堂,而是作为这一世界组织的真正"孩子",去了这一世界组织高楼对面的"联合国小教堂"里。这是一座不引人注目的小礼拜堂,有点昏暗、简陋,除了因为和联合国的关系而散发着国际性和多文化性的氛围之外,实际上没有任何特别之处。对一对在联合国内认识的伴侣来说,这是举行婚礼的理想场所。在他们的结婚照上,两个人看上去稍稍留下了70年代的痕迹:一身非洲民族服装的打扮,他穿的是蓝色服装,她穿的是白色服装。新娘头发上戴着小花。她外表出众,和平时完全不同,而且看起来非常幸福——根据她自己的说法,她至今还感到那么幸福。

加纳童年

科菲·安南出生时是双胞胎。那是在1938年4月8日,先是他的孪生姐姐埃芙降生,然后是他出世。科菲出生在黄金海岸腹地的省城库马西的一个名门望族家庭。安南家族不仅富有,他们也属于贵族阶层,因此享有特别的名望,在阿散蒂地区影响很大。安南的父亲虽然是阿肯人,但严格地说,一半是阿散蒂人,一半是芳蒂人,他来自位于腹地的阿散蒂地区。他的母亲——和他的继母一样,属于芳蒂部落,她们生活在沿海地区。这两个部落讲同一种语言的方言,同样被称为阿肯语,而方言的区别更多的在于口音而不是词汇。属于阿肯语变种的包括芳蒂语、特威语、阿克瓦皮姆语、阿基姆语和布朗语。科菲和他的兄弟姐妹们学会了好几种非洲方言,但基本上是在芳蒂语的环境下长大的。

16岁那年,在多次转学之后,和所有的兄弟姊妹一样,他终于来到了位于海岸角的一所寄宿学

【麻省理工名人】

郝慰民,获得2007年诺贝尔和平奖,1983年获得麻省理工学院生物硕士学位。

校,离他的故乡库马西大约有200公里。"曼特西皮姆"是这个国家最好也是最古老的学校之一。加纳独立那年,安南从曼特西皮姆中学毕业,回到了自己的故乡库马西市,在本地的大学攻读国民经济学专业两年。安南家族也拥有一套多层住宅,房间众多,每个孩子都拥有足够的空间。科菲可以在一个物质无忧的环境下开始自己的学业。库马西的条件要比加纳其他省会城市好得多,而且安南一家的条件也要比国内许多家庭好得多。那时,科菲·安南深深地扎根在非洲人的价值体系中,他计划过一种在某些方面和父亲相似的生活:45岁之前,他想做个商人,然后在加纳从政15年,到了60岁,作为可可种植主安度晚年。可他的将来并非如此。两年不到,他就去了另外一个国家,去了另外一个大洲,那里有着完全不同的氛围。尽管他在一开始还始终打算着若干年之后回到自己的祖国去,但这注定是一次长久的告别。从那时到现在,40多年过去了,只是在20世纪70年代,他才在加纳有过一次短暂的停留。但在他的心里,科菲·安南始终是一个非洲人,并对自己的家乡始终充满深情。

国外求学

安南在库马西科技大学攻读了四个学期的国民经济学。这所大学也是基督教徒建立起来的,不过后来为了表示对独立运动先驱的敬意,这所大学更名为"克瓦米·恩克鲁玛科技大学"。学校将其学术重点明显地放在工程技术科学和农业科学上。这并不完全符合安南的爱好,或许这也是为何他选择两年后离开该校的原因。学校位于本国最丰富的一个金矿附近,距离金矿仅仅60公里路程,这也就很容易理解学校设置专业方向的理由所在了。他当选为该校的大学生代表,不久荣升为加纳全国大学生组织的副主席。

1958年，他以加纳全国大学生组织的副主席的身份参加了在塞拉利昂举行的西非大学生领导人国际会议。就在那儿，著名的美国福特基金会的一名代表"发现"了这位聪明的年轻人，并和他进行了接触。那名代表让他申请美国的奖学金，福特

基金会将为信守诺言、奋发努力的非洲学生领导人提供赴国外留学的机会。该项目的名称为"外国学生领导人项目"。这个"总是急于长大成人"的安南，递交了一份申请，非常顺利地获得了麦卡莱斯特学院提供的全额奖学金，对他来说，这是一所他完全陌生的学校，位于美国明尼苏达州首府圣保罗市。在回忆这段经历时，他认为，不管怎样，要离开加纳，从热带换到寒冷的明尼苏达州，这对他来说是跨出了一大步。也完全可以说，这是一次文化冲击：因为该州位于美国中北部，与加拿大相邻。那个地区几乎渺无人烟；是一个古老的美国联邦州，整个地区现在大约有500万居民，当时人口还要少。而且，或许在安南的眼里最为至关重要的是，那里90%以上的居民为白人。这对60年代初一个21岁的黑人确实是一件要命的事儿：在美国北部的一个几近"白种人的"州里，种族冲突已经开始爆发。尽管有着享有特权的家庭背景，变化如此之大如此之深还是安南所始料未及的。

　　非洲之外的第一次旅行，成为安南一生中的重大转折。数十年之后，他还能感觉到这一点。1959年夏季，在最终去麦卡莱斯特学院注册之前，他还在哈佛大学度过了几个星期，这很可能使他初来乍到的美国生活变得轻松一些，使他不必直接感受从炎热的非洲到美国北部的巨大气候差异。

　　美国的某些东西让他觉得如此陌生，但其他一些东西他早已熟悉不过了：国民抵抗活动、静坐罢工、示威游行和

封锁的时代给安南留下的印象，就像是他刚刚才参与的争取加纳政治独立斗争的继续。"文化不同，方式不同，但目标是一样的。所以说，你同样也可以参与进去，"他后来回忆道。他怀着极大的兴趣密切关注着那些政治大事，为此他本人也有过一两次糟糕的经历。有一次，他和几个朋友散步，由于肤色的缘故他们遭到一群喝醉酒的年轻人的辱骂。另外一次，他和一个白人姑娘走过市区，他遭到一次暴力攻击，最后总算幸运逃脱了。尽管发生这样那样的事，但安南并没有退回到自由的麦卡莱斯特校园的安全地带里整天闭门不出。

　　1960年夏天，在第一个学年过后，他和一名教师代表和几个朋友到美国内地旅行了几周时间。来自四大洲五个不同的国家的年轻人挤在一辆旅行车里，他们将这辆车命名为"友谊的使者"。他们的目的就是，尽可能多看看这个国家和这里的人民。他们在美国人的家里过夜，住穷人家，也住富人家，住农村，也住城市。有一次，为了了解当地囚犯的生活状况，他们甚至还想睡在一座监狱里。可是他们并没有如愿以偿，但他们成功地在当地的一个救世军中心里过夜了。在旅行的途中，这一引人注目的团队一再被迫面对种族主义的冲突，但并没有给所有的参与人员留下任何奇怪的印象。即便这样，他们最终还是保持了自己原有的本色：这些来自富裕家庭的大学生们，仍然带着一份自信，踏上了回去的旅程。

　　和在库马西的时候一样，安南仍然攻读国民经济学。而且还像以前一样，他喜欢政治辩论——而且不仅在大学生的社团中。在美国的大学里，上述的大辩论属于提倡的大学争论文化。它们有纪律地并且按照明确的规则进行，但有可能会就某件事一决雌雄，争个你死我活。为了让人们的思想变得敏锐，参与人员常常必须为自己实际上所坚信的某事物的对立面进行辩护。安南经常和朋友们一起参加演讲比赛。如果要他自己自由选择题目的时候，他就会将演讲报告锁定在贫富问题、一个紧密相连的世界的机遇或者战后时代的美国作用等上面。有一天，他甚至还赢得了本州范

围内的一次演讲比赛；这一次他所论述的又是美国对发展中国家和对脱离殖民统治的年轻国家的责任问题。他当时的一位教师带着兴奋的心情回忆起安南那"绝妙的"、和牛津英语相似的加纳口音。无疑地，他当时也有着深沉的、细腻的声音，他给每一个对话伙伴留下深刻印象，尽管他的语言出奇的简单，而且几乎不用任何技巧。在"世界俱乐部"里，他不久就担任了俱乐部的主席，大学生们同样在为国与国之间、首先是美国与其他国家之间的相互了解尽心尽力。也就是说，在20岁出头的时候，安南找到了"他"的主题，从此那些主题再也没有离开过他，那就是公正、贫富均衡、民族谅解。最迟从那时起，他开始坚定而经常地练习说话的艺术。这样一种训练对他后来担任联合国秘书长是有一定好处的。

正如在寄宿学校一样，安南经常进行体育活动，并以其杰出的成绩将一个难以磨灭的印象留给了麦卡莱斯特学院。与德国的大学相反，体育运动在美国的大学里有着巨大的传统意义。那些足球队或者篮球队的明星们，也会很快成为社会生活中最受欢迎的人。安南本来是一名田径运动员。一开始他尝试去踢美式足球。"这还可以，只要我跑在其他人前面，不让别人追上我就行"，安南后来在谈起他的那些与此有关的尝试时说道。但作为一个体重只有60公斤的男子，从事这项体育运动他还不够强壮。于是他开始转向欧洲足球，这给他带来了更多的成功和更大的乐趣。但他取得的最好成绩是赛跑项目。作为60码短跑运动员，他创造了大学纪录，并保持这一项目的纪录长达10余年。

1962年初夏，安南在为谋得联合国的一个职位而努力。在理想主义的年轻学子看来，联合国也恰恰是实现他们梦想的合适途径。学生们在科菲

【麻省理工名人】

安德鲁·法厄，获得2006年诺贝尔生理学或医学奖，1983年获得麻省理工学院生物博士学位。

和罗伊的公寓里经常通宵达旦地讨论世界的未来问题。于是安南开始了他在世界卫生组织的工作，先是签订了一份短期合同，由于工作出色，他又获得了续约。实际上，他到日内瓦的目的是想攻读博士学位，但学业很快退到了次要位置，博士论文也同样如此。他甚至没有获得硕士文凭；在日内瓦国际高级研究学院求学期间，除了丰富了人生阅历之外，他还结交了许多新朋友，掌握了还算过得去的法语知识。不久，联合国吸引了他的视线。

锦绣前程

1959年，科菲·安南首次离家出国，获福特基金会的奖学金在美国明尼苏达州圣保罗的麦卡莱斯特学院学习，并取得经济学学士学位。还曾就读于日内瓦高等教育大学。33岁时进入美国著名的麻省理工学院学习，获得管理学硕士学位。1962年进入联合国非洲经济委员会工作，其后一直在联合国总部、日内瓦办事处、日内瓦难民专员办事处、世界卫生组织等部门担任行政工作。1974年，他回到加纳，担任国家旅游局局长。

1974年中东"十月战争"后，他担任了驻开罗的联合国紧急部队民事长官。80年代初，安南调回联合国总部，先后担任人事和财政部门的领导工作。1986年，他升任联合国助理秘书长，在人事厅负责人事工作。

1990年海湾战争爆发后，安南负责同伊拉克谈判释放联合国及其他

国际组织工作人员的人质问题。他被委派负责遣返900名联合国工作人员、谈判释放西方人质和协助解决滞留在海湾地区的50万亚洲人的问题。此后率领联合国小组同伊拉克进行"石油换食品"的谈判。1993年3月1日起任负责维持和平事务的副秘书长主管联合国在世界各地的维和行动。1995年10月10日由联合国秘书长加利任命为临时负责前南地区的秘书长特使和驻北约特使，协调有关国家的关系。

1996年12月13日被联合国安理会提名为下届联合

国秘书长候选人,17日联大批准安南为联合国第七任秘书长。1997年1月1日正式就职,任期5年。2001年6月,安理会提名安南连任秘书长,6月29日,联大通过了安理会的提名,安南将从2002年1月1日起连任秘书长,至2006年12月31日。1997年4月13日,获得1996年度"博尼诺世界和平奖"。2001年7月获美国费城自由勋章。1998年2月20日–23日,安南秘书长亲赴巴格达调解美国和伊拉克关于武器核查的危机,并与伊拉克达成了协议,为避免战争,和平解决这场危机带来了希望。

2001年10月12日,挪威诺贝尔委员会宣布,联合国和联合国秘书长安南由于在促进世界和平方面作出了重要贡献,共同获得诺贝尔和平奖。安南出任联合国秘书长,改变了这一国际组织的权威性,他是为公认的和平使者。联合国秘书长发言人办公室2012年3月23日说,联合国秘书长潘基文和阿拉伯国家联盟(阿盟)秘书长阿拉比当天发表联合声明,宣布任命联合国前秘书长科菲·安南为叙利亚危机联合国与阿盟联合特使。

从基层做起

安南刚开始工作时的职位很低:他从最低的级别开始做起,在世界卫生组织中担任行政与财政专家。作为预算干事,他任职于世界卫生组织总部,距他离开不久的校园不远。他按照P1级别拿薪水,这是给予大学毕业生的最低工资级别。联合国将人员级别分为专业人员和一般人员两大类。可以从P1提升到 P5,部门分部负责人层面之后是主任级官员D1到D2,然后是作为助理秘书长的部门领导人,然后是副秘书长,最高一级就是秘书长本人了。安南在他长达40多年的联合国服务生涯中经历了所有的级别,从最下面直至最上面。他比大多数人更了解这一组织,而且他差不多了解了它的每一个角度。安南在驻外的维

脑佼佼者

【麻省理工名人】

罗伯特·约翰·奥曼，获得2005年诺贝尔经济学奖，1955年获得麻省理工学院纯数学博士学位。

和行动中积累的经验最少，仅仅在20世纪70年代有过几个月时间，而且即便是这段时间他也是在行政机构中度过的。

1962年夏天，虽然他的学友们认为他是一个多才多艺的年轻人，一定会事业有成，但是谁也没想到，他会在这一世界组织中持续了如此漫长的职业生涯，至少他没这么想过。安南始终认为他在国外的生活只是暂时的。但是他很喜欢这个世界组织。他喜欢的是这种国际氛围，他刚开始到麦卡莱斯特学院的时候就懂得欣赏这样的氛围了。另外，他有这样的感觉，他在这儿要比在家乡更能接近自己的理想。家乡的政治局势变得越来越动荡不安。于是，他就待下来了，合同一个接着一个。安南在日内瓦和来自世界许多国家的人工作了三年，撇开工作内容不谈，尤其让他着迷的是那种氛围。

工作调动

三年后，他实在想到外面看看了——他已经厌倦了在日内瓦总部的工作，希望到他认为开始真正生活的地方：联合国的分支机构去。他想去非洲，"以帮助改善这一洲的形势。"他就这样提出了调动工作的申请。世界卫生组织在刚果和埃及都有空闲的职位。这两个地方都引起了他的兴趣，这两个地方的职位他索性都申请了。可是，人们提供给他的地方先是菲律宾，然后是印度，在和上司们讨论较长时间之后，他们最后提供给他的是位于丹麦首都的一个职位。"哥本哈根不错，"他自己想，可是这不符合他的愿望。他觉得，这和日内瓦的区别不够大。15分钟后，上司就收到了他的辞职申请。他从没有为做出的这一决定后悔过。安南坚持了他的决定，在还无法具体知道哪儿有新职位的情况下离开了世卫组织。但他年轻、乐观而且自信，相信自己不久就会找到新的工作。在那几周的时间里，他寄发了大量的信件，应聘非洲可能需要的所有职位。而就在等待未来雇主的回应时，安南和年轻的妻子蒂蒂前往欧洲旅行了数周之久。他们俩正是新婚宴尔。尽管未来的前景尚不明朗，但安南"很满意也相当快乐"，因为他做出了一个可以对此负责的决定。而且事实上，马上有好几个职位可供他选择了，其中一个就是联合国非洲经济委员会，总部位于埃塞俄比亚首都亚的斯亚贝巴。

　　1965年9月，安南在埃塞俄比亚接任新职位时，非洲经济委员会成立才不过七年。它正处在建设与扩充阶段；对一名行政专家而言，这是一项令人神往的任务。安南在那儿从事人事工作，一直到20世纪90年代他始终是在和人事打交道。作为"人事负责人"，他当时的头衔就是这个名称，他要审阅应聘信件，补充人事档案，并且要处理劳工法方面的各类问题。下面一则轶事可以说明有时候处理事情该需要多大的耐心：说的是一名俄国教授，他很想到肯尼亚教一年书。因为他的材料转到了经济委员会，作为人事工作的负责人，安南就必须过问这件事。在让俄国方面相信了交流的好处之后，他突然发现，那位教授只会说俄语。怎么办呢？难道放弃这一项目吗？那可不行，这毕竟已经花了他不少时间和精力了。于是他马上要求俄国再提供一名翻译。莫斯科最终同意了，并为教授和翻译提供了资金。一年过去了，肯尼亚方面请求再继续交流一年。安南重新找到了他的俄国伙伴。在稍稍犹豫之后，负责方最终修正了延期决定：不过只是让那名翻译继续留下，那位教授必须回老家去。任何劝说都已经无济于事；决定已经做出。这样的故事表明，当时的人事管理，尤其是像联合国这样一种不同的"部队"里，是需要某些创造性的。当时还没有提纲挈领的、按照字母顺序排列的计算机清单；人们用索引卡片、电话、圆珠笔和许多即兴思维进行工作。此外，人事政策常常足以成为东西方争论的一部分，因为那些国家间组成的集团总是企图在重要的岗位上安置"他们"自己的人。所以，尽管从事行政事务，安南也一再陷入权力政治的陷阱中。

60年代末，有一年时间，安南中断了他在埃塞俄比亚的逗留，但并不是为了在联合国的工作：1968年，他被委派到纽约的大本营参加为期一年的进修。他又是被安排在人事部门任职，然而这是他第一次接近真正的权力中心。当时领导这个国际组织的是第三任秘书长，缅甸人吴丹。安南的房间在29楼，整个纽约几乎就在他的脚下。今天，联合国已经丧失了它原有的许多魅力，家具破损严重，大楼破烂不堪。可在当时，尼娜·米塞斯叙述道，在最初的几十年里，弥漫在东河左右的是"非常高昂"的气氛。安南也为这种吸引力所驱使，后来他还一直喜欢回到纽约去。不过，他还得再去一次非洲，回到埃塞俄比亚的联合国非洲经济委员会。纽约的进修给他带来了晋升的机会：他成了那儿的人事部临时负责人，不久以后正式担任了这一职位。然后，又经过了一年的"非洲冒险"之后，他似乎准备着再作一次调动。恰恰在30岁刚出头的时候，他陷入了内心的危机之中，开始寻找新的彼岸，他请了一年长假。

离职进修

安南重新回到了大学，回到了美国。在麻省理工学院修读一年管理课程。这一次能到麻省理工学院进修，是因为他认识那里的一位教授。那位教授曾参加过在亚的斯亚贝巴举行的一次会议。安南同他攀谈过，并就美国的各种进修机会与这位教授交换过意见，他希望有机会到斯隆管理学院修习管理专业。他的申请得到了肯定答复，于是他得以在1971年6月迁居马萨诸塞州的剑桥。麻省理工学院是公认的世界最好的大学之一，能在那里读书无疑会在每个人的履历表中写上特别浓重的一笔。顺便说明一下，安南确实没有拿到

过硕士文凭，为了能在未来的职业生涯方面求得更大的发展，他也许还需要它。从多方面看，这种暂时离开工作岗位到大学里充电对他有益无害。尽管学业要求很高，但安南还是"享受着精彩纷呈的一年"。暂时中断工作反倒让他把一些事情想清楚了，克服了自己的内心危机。但他并没有像他的大多数同学一样去谋求薪金丰厚的职位，而是回到了联合国。在联合国不可能积聚财产，不过作为国际官员生活得也不错。安南如果选择在自由经济中从业，或许完全可以得到更高的收入，这是事实。但金钱并非他唯一的动力。

> **【麻省理工名人】**
> 罗伯特·F·恩格尔，获得2003年诺贝尔经济学奖，前麻省理工学院经济学教授。

他又一次被派遣到亚的斯亚贝巴几个星期，担任他的老职位——这是第三次了。他的行李里揣着新的大学文凭，从亚的斯亚贝巴前往日内瓦，这可是一次大飞跃，他这次去的可不是先前去过的那个世界卫生组织，而是直接去联合国的行政管理部门，那是联合国继纽约之后的第二个总部。他主要从事的是行政性事务工作。安南在日内瓦待了两年，然后他调到埃及从事维和行动6个月，担任那里的民事长官。对安南而言，70年代是完全动荡不安的。往往是他刚到一个地方，马上又要奔赴另一个地方了。他似乎对自己的事业和人生计划不是那么自信了。他已经搬了13次家，即便在国外待了那么多年之后，他觉得迁居加纳在很大程度上也是值得去追求的。

进入联合国

安南在阿克拉从事着开拓旅游的业务，他是加纳旅游开发公司的总经理，这是一家国有企业。他那种要和自己的家乡"拥抱"的干劲和热情，转眼之间就消失得无影无踪了。那时，恩克鲁玛，这个先前的独立运动的英雄和国家总统，已经在一次军事政变中被推翻。他流亡国外，1972年因癌症在布加勒斯特去世。从1966年恩克鲁玛政府被推翻到1974年安南回到加纳，在这一段时间里，加纳经历了一个政局动荡多变的阶段，政府更迭频繁。就在安南回国前不久，又一个军人通过政变成功地取得了政权：

阿昌庞上校被认为"不懂经济"，在其他方面也运气不佳。生产和贸易陷于停顿，走私和黑市大行其道，民主体制惨遭破坏。

1978年，在一次宫廷革命中这位上校又被他的军人同僚推翻了。安南到加纳旅游开发公司上任时，国内气氛已经相当紧张了。从理论上看，他在那儿可以自己做主，可以做出决定和进行组织安排，但实际上，那些军政要员们总是肆意干涉，横加插手。这使刚回到国内的安南感到无所适从了，因为他希望打开祖国的旅游市场，为人民创造富裕的生活。比如，他计划在沿海地区建造一批宾馆。可他讨厌这里的一切；他不喜欢那些军官们不停地给他指手画脚。"太多的禁令牌和太多的封锁"，他还感到遗憾的是，"你不可能会有什么收获。"于是他到国际上去寻找自己的运气了。经历了阿克拉的失望之后，1976年，安南重新回联合国报到了，这一次是去纽约，担任人事负责人。和平时一样，他做事可靠、稳重，但并不显山露水。安南在自己的工作范围内受人尊敬，但他并不是光芒四射、但转瞬即逝的"流星"，他在悄悄地攀登，一级一级地向上攀登。人们认为他是一个可爱的同事——无论他的上司，还是他的下属，都这么认为。

1980年，他被派往日内瓦的联合国难民署，担任人事部主任。他现在分管着当时在难民署工作的大约2000名雇员。难民署负责世界上的背井离乡者和无家可归者。该组织在许多地区同时忙碌着，处理的大多是需要立即解决的突发性危机。这就要求人们迅速投入人力物力，快速做出反应，就像那次在东南亚——那是70年代末，数千名船民为了追求更美好的未来不惜铤而走险，踏上了冒险的旅程；或者在非洲，当时索马里的无数难民纷纷逃难到了邻近国家；或者在拉丁美洲，智利人因为害怕独裁者皮诺切特而逃离自己的家园。联合国难民署正处在一个前所未有的发展阶段，可这一组织根本还没有做好充分的准备。这就要求高层负责人懂得危机管理的一些东西。科菲·安南领导下的人事部方面永远在忙忙碌碌地派遣工作人员，尤其是派遣负责劳工法和组织方面的工作人员奔赴世界各地。

　　在他当时的人事主任代表瓦尔特·科伊瑟的印象中，安南是一个具有"伟大的领导素质"的人，他的顶头上司弗朗兹·约瑟夫·霍曼—赫林贝格也持同样的印象。因为他更新了整个人事管理，重新组织流程，给这个部门起了个时髦的名字——"人力资源处"，完全按照电子数据处理、调整工作。但在他直接的职责范围之外，安南始终还是一个默默无闻的人。直到20世纪80年代初，安南才被长期派往纽约，进入了联合国的核心。

个人成就

　　积极的行动者。安南对国际和平的贡献有目共睹。无论是在非洲战乱、中东危机，还是在南亚克什米尔争端、东帝汶暴乱、阿富汗战争或者其他极度敏感的政治危机中，到处都有安南和他的团队穿梭斡旋的身影。

　　获得诺贝尔和平奖。安南在2001年诺贝尔和平奖获奖感言中说："在21世纪，我们更深刻地认识到每个人的生命都是圣洁的，都是应该得到尊重的，不应该由于种族和宗教信仰的不同而有高低之分，联合国的任务就是为了实现这一切而努力。联合国首先要解决的3个问题是：消除贫困、制止冲突和促进民主。"

　　锐意进取积极改革者。安南是锐意进取的改革者。他高擎多边旗帜，力推改革，重塑联合国。从1997年到2005年，他提出多个一揽子改革方案，成立联合国改革名人小组，迈出了联合国制度性和结构性改革的重要步伐。安南任内确定了联合国改革的基本方向和框架，这是他卸任留下的最重要的财富。

争议之处

　　改革理念引发争议。综观安南任期内所提出的各种改革措施和理念，成功实施的有之，引起争议的也不少。例如，在安理会扩大问题上，他表示要吸纳那些在财政、军事和外交方面对联合国贡献最大的国家，这同要求优先解决发展中国家在安理会代表性不足的众多国家的愿望不相一致，自然很难获得赞同。

　　发展中国家被边缘化。作为一个来自非洲的秘书长，最让安南失望的也许是，许多发展中国家的人民在全球化趋势中日益被边缘化。包括美国在内的大多数发达国家对发展中国家的援助，远远没有达到联合国的要求。

　　对人权的践踏随处可见。在人权领域，安南也有很多遗憾。国际社会对人权和法治的践踏依然随处可见。安南认为安全和幸福取决于对人权和法治的尊重，必须通过法治保护人类尊严和权利，在维护人类社会的多样化中相互学习，国家必须遵守国家间的规范。然而许多弱势群体的尊严和权利不能得到保障，依然苦苦挣扎在痛苦的深渊里。

困难事件

　　未能阻止伊拉克的战争。"可以说我为消除世界上的不平等和贫困奋斗了一生，我的部分愿望已经列入了联合国千年发展目标，这是最好的事情。最糟的事情是，我没能避免伊拉克战争，我不同意发动伊拉克战争，但最后只能接受伊拉克战后重建工作，而联合国驻伊拉克代表却被炸身亡，更令我痛苦万分。"

　　石油换食品丑闻。2004年11月26日，美国《纽约太阳报》披露，联合国秘书长安南的儿子科乔·安南卷入了"石油换食品"丑闻。该报称，科乔·安南曾经在1999年2月开始，一直接受一家名为"克泰科纳"的瑞士公司每月2500美元的酬金，而这家瑞士公司从联合国对伊拉克的"石油换食品"计划中得到了利润丰厚的合同。从报道的字里行间不难看出，人们怀疑科乔·安南利用父亲的关系帮助这家瑞士公司获得了合同。安南当天在联合国纽约总部举行的记者招待会上说，他对于儿子没有把与瑞士克泰科纳公司的关系和盘向他托出感到"震惊和失望"。

> **【麻省理工名人】**
>
> 沃夫冈·凯特利，获得2001年诺贝尔物理学奖，现任麻省理工学院物理系正教授。

联合国驻伊总部被炸。伊拉克当地时间2003年8月19日下午5时许，设在伊拉克首都巴格达的联合国大楼遭到炸弹攻击，联合国驻伊拉克最高官员、安南秘书长特别代表塞尔希奥·比埃拉·德梅洛在爆炸中不幸身亡。联合国秘书长安南为此发表声明，指出德梅洛的身亡，对联合国和对他个人都是一个痛苦的打击。

人物评价

懂得放权的管理者。科菲·安南联合国前首席发言人：安南是个懂得放权的管理者。"作为发言人，我需要掌握内部信息，他很理解这一点，让我出席所有会议，确保让我获得一切信息，从不忘记我。每天早晨我都和他碰头，他告诉我当天会发生的事情，他到哪里都带上我。是个懂得放权的好的管理者。"

中国领导人肯定其工作。王光亚向安南秘书长转达了胡锦涛主席、温家宝总理的问候，并表示，安南在担任联合国秘书长10年里，积极倡导多边主义理念，推动加强联合国作用，为维护世界和平、促进共同发展和深化全球合作做出了不懈努力和突出贡献。

最活跃的联合国秘书长。《华盛顿邮报》：有史以来最活跃的联合国秘书长。《华盛顿邮报》曾刊发一篇署名文章，题为《安

南留下的东西》称，冷战时期赋予联合国秘书长一职以新的价值，而安南无疑是有史以来最活跃也是最有争议的一位联合国秘书长。

一个非常镇静的人。媒体对安南的描述：一个非常镇静的人，一个几乎从不会提高嗓音的人，一个从来不会发怒或者失去耐心的人，人们最多能从他连续不断的搓手和眼睛猛烈的颤动中，感觉到他内心的焦虑。这是媒体对联合国秘书长安南性格的一种"典型性描述"，也是人们从频繁出现的电视画面中所得到的对于安南的印象。

他是加纳的英雄。加纳人眼中的安南："他是加纳的英雄"，"我为他感到自豪"，"非洲人民感谢他"。在西非国家加纳，一提起"科菲·安南"这个名字，从总统到百姓，人们最常说的就是这些话。

社会评价

安南是位经验丰富的外交家，懂英语、法语和几种非洲语言。他讲话温和，性格直率，待人坦诚，头脑冷静，富有幽默感。身高1米75的联合国秘书长安南，虔诚的天主教，站着的时候总是腰板挺直。无论身处何时、何地，即便是在劳累、忧伤或处在危险境地，安南总是非常注意自己的仪容仪表。因此熟悉他的人常戏称他为"世俗教皇"。美国著名男性杂志《君子》曾经评选出"全世界最会穿衣服的男性"，名单中除了英国影星休·格兰特和大帅哥裘德·洛以外，联合国秘书长安南也榜上有名。正如同服装追求简单之美，在为人处事中，安南也喜欢说自己是个简单的人。

他生在非洲部落酋长之家，却接受了良好的西式教育；他热爱自己的祖国,却很少提到自己是加纳人,而以一个非洲人来称呼自己;他被人称为"世界总统",却没有任何实际的政治权力,没有任何领土归他管辖,没有任何军队供他调遣;作为联合国秘书长,他有太多的麻烦和困

扰,但他始终保持乐观;他是那么引人注目,却是个低调的人,让人觉得他在尽力避免别人的目光;他既有着高贵的品质,也不乏普通人的生活原则;他永远让人感觉处于一种平和的状态。

　　安南最引人注目的是他那双眼睛。他的眼睛,映射出的不仅有对这个既富饶又贫穷、既美好又痛苦的世界的忧患和悲悯,更多的是力量和希望。圣·马修福音中有这样一句话:上帝保佑和平使者,因为他们应该被称之为上帝的孩子! 这句话被刻在一个走在钢丝上的木雕小熊上,在2003年2月8日的安理会午宴上,由俄罗斯外长伊万诺夫送给了联合国秘书长安南。

安南轶事

　　1.人生信条源自部落准则

　　安南出生在非洲加纳册芳蒂部落,他总是把该部落的5种道德规范,即尊严、自信、勇气、同情心和信仰作为他的行动指南。他一直呼吁世界上所有国家无论什么时候、什么地方在人类生命遭到仇恨、疾病和贫困之火吞噬时都伸出援手。在卢旺达和波黑,他目睹了数以千计的人在等待帮助中死去。这些人的痛苦表情总是萦绕在他的心头。因此,他决心完善他的机构,使这些错误永远不再发生。

　　2.受奥尔布赖特呵斥

　　安南的"泛同情心"和愿与任何人沟通的主张遭到了一些人的白眼。1998年,在美国和西方国家因伊拉克拒绝同联合国武器核查员合作而准备对伊大打出手前夕,安南亲赴巴格达

做最后的说服工作。行前,美国国务卿奥尔布赖特当着许多助手的面气急败坏地给安南打电话,大声斥责他:"这件事你是绝对办不成的,绝不可能。"奥尔布赖特甚至放话:别忘了你是怎样坐到这个位置上的。对这种美国式的暗示,安南当然明白,他的前任布特罗斯·加利就是因为同美国发生龃龉而被"废黜"的。但安南不听这一套。他是有主见的人,他毅然决然地来到了伊拉克。

3."用军队来对付军队"

安南的助手说,在遇到重大危机时大家都感到很恐惧,但安南却越是在这个时候越沉稳。每逢此时,他会比平时更风趣幽默。对安南来说,没有天气太恶劣、道路太危险、野营地太偏僻之说。他常常置身于世界上最危险的地方,亲自同有关人士商谈如何提供医药设备、食品和人道援助。他的一位助手还记得,有一天深夜在马其顿,他与安南坐在一个阳台上,附近就有美军飞机空袭科索沃的声音,身上穿着防弹夹克衫的安南镇定地用手机与一些国家的领导人交谈了两个多小时。

冷战结束后,许多国家因出现混乱而需要联合国军队的介入,如塞拉

利昂、刚果(金)、东帝汶等。在卢旺达,80万图西族人惨遭对立的胡图族人屠杀;在波黑,8000名穆斯林被杀害。安南说:"联合国经常要与一帮不懂国际形势、对什么都不在乎的军阀打交道。除非我们做好准备用军队来对付军队,否则,我们将一筹莫展。"

4.同情心赢得爱情

有一次安南在东帝汶访问,一位男子冲向安南,大声哭了起来,向他叙述当地正在发生的悲剧。已经订了机票要走的安南不顾可能误机,与这位男子一起聊了一个多小时。在科索沃,他曾与一位

百岁老妇人坐在一起，握着她的手，静静地听她一遍又一遍地诉说自己的悲惨经历。

安南的妻子名叫娜内·瓦伦贝里，是一位苗条而漂亮的瑞典女子，她叔叔就是著名的曾在二战中拯救过数千名犹太人的瑞典外交官拉奥尔·瓦伦贝里。她爱上安南是下面的故事发生之后的事情。有一天晚上，他们俩一同行走在纽约罗斯福岛大街上。这时安南看见电话亭里有个人弓着背，似乎在哭泣。这种事街上行人可能根本注意不到，但安南却走过去与那个人攀谈，问他遇到了什么问题。原来是那个人的父亲病了。安南帮他出主意，并轻声细语地安慰他。娜内目睹了这一感人的场面，从此对安南产生了爱情。

指安理会缺乏团结

安南说，对于这样一个调解任务，国际社会的团结被视为最重要的因素，当他第一天接过这一任务的时候，他就强调国际社会团结，必须只有一个调解进程，各方必须通力合作。当时，"我们看上去的确是在这样做，安理会声明和两个决议都是全体一致通过的"，但到了后来安理会出现分野。

安南表示，安理会的团结可以重建，他们可以和叙利亚危机区域各国的政府、反对派方面以及新的叙利亚危机联合特使一起推进局势向前发展。他并表示继续为团结各方而努力。

中国外交部发言人洪磊就联合国—阿盟叙利亚危机联合特使安南决定辞职事表示，中方对安南辞去联合特使一职表示遗憾。中方一直以实际行动积极支持和配合安南斡旋努力。我

【麻省理工名人】

约翰·福布斯·纳什，获得1994年诺贝尔经济学奖，前麻省理工学院数学系教授。

们理解安南斡旋工作中的困难,尊重他的决定。自担任联合特使以来,安南先生为推动政治解决叙利亚问题发挥了积极和建设性作用,中方对此表示赞赏。安南向中方通报了他的决定,并感谢中方对其斡旋努力的积极支持。

洪磊表示,中方高度重视叙利亚局势发展,致力于叙利亚问题的和平、公正和妥善解决。中方认为,从根本上解决叙利亚问题,国际社会还是要坚持政治解决的正确方向。中方对任何有助于推动政治解决叙利亚问题的倡议都持开放态度。中方支持联合国继续为推动妥善解决叙利亚问题发挥重要作用。

麻省理工小百科

　　美国在 2006 年把麻省理工学院誉为全美最难进的大学。至 2011 年,麻省理工学院已连续 19 年在美国大学理工学院排名夺冠。麻省理工学院在 2006 年被《华盛顿月刊》评为对美国最有服务及贡献的大学中排第一。

第二章　麻省理工学院精英培育法则

麻省理工学院的创始人威廉·巴顿·罗杰斯说:"一所学校不仅仅是能传授工艺技能,重要的是要为学生们将来在工业部门工作打好科学理论基础,让学生能够通过实验进行学习。"在这个理念的指引下麻省理工学院的精英培育法则逐渐形成。

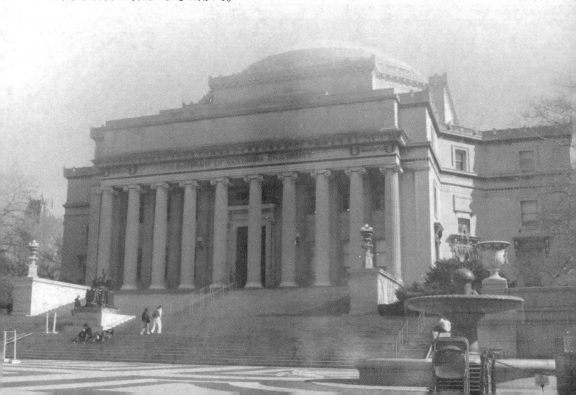

第一课　通过实验进行学习

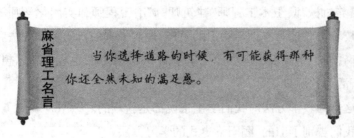

麻省理工名言

当你选择道路的时候，有可能获得那种你还全然未知的满足感。

　　从美国第一所学院——哈佛学院创建直到19世纪中期以来，美国的大学教育充满了浓厚的古典和宗教色彩，经典学派的传统教法和死记硬背的学习方式将美国高等教育推进了腐儒式的泥潭，而这样一种教学方式在工业日益发展和社会日益进步下越来越显现出其疲软的一面，难以适应现代社会的要求。

　　正是在这样的社会背景和教育背景之下，麻省理工学院的创始人威廉·巴顿·罗杰斯在反思自己教育经历的过程中产生了创建一所"超过国内任何一所大学"的学校的想法。他指出：这样一所学校不仅仅是能传授工艺技能，重要的是要为学生们将来在工业部

都市研究与计划开放课程：公共政策基础理论，排解公共争议，美国历史中的暴乱与罢工与阴谋，古城，商业区，环境与社会，法律与社会，人权的理论与实务，计划行动入门，计划经济学入门，论辩与沟通，文明社会及其环境等。

门工作打好科学理论基础，并把"通过实验进行学习"作为学校的教育信条。

事实证明，在日益发展的今天，一种教育价值观在世界范围内已经被广泛地接受，那就是学生将从趋向于有用目标的动力中获益——这就是罗杰斯的"实用知识"的教育价值观，与麻省理工学院的办学理念相一致。

在这个理念的指引下，学校开始了大胆革新：麻省理工开设的课程，适于培养机械师、土木工程师、建筑师、矿冶工程师和实用化学师等。此外，学校着力聘请具有创新意识的教授，他们带来的新的教学方法和模式使得麻省理工学院成了埋葬僵死学术的一座"坟墓"，也成为新思想、新方法和新活力的源泉：

"这里的教学方法对我们学生来说都是新颖的。"

"我们告别了旧的、囫囵吞枣式的学习方法。"

"我们感到老师是通过让我们与大自然的直接接触去认识它，而数学、语言和历史则是达到这一目的的手段。"

从学生的评价中，我们可以看出，这种新的教学理念深受他们的欢迎，让他们深受其利。

罗杰斯认为，透过教学与研究并且专注社会上的实际问题才是培养专业能力的最好方法。于是，一百多年来MIT都致力于适合实际的教学和研究，既要动脑，也要动手。

让我们来看看下面几段关于麻省理工学院的材料：

2006年美国麻省理工学院的"勒梅尔森"学生奖及3万美元授予了该校航空学系的博士卡尔戴尔奇，他发明了一辆名叫"飞跃"的个人空中汽车。这名博士并没有把奖金直接拿回家，而是交到了泰拉夫加汽车公司，他希望能在2009年前把这项技术运用到生产中去。

这架新型交通工具到底属于会飞的汽车还是会跑的飞机？泰拉夫加

公司给其下的原始定义其实是"能在路面开动的飞机"，它必须在飞机场下降、伸缩双翼，或在路面上驾驶。

不过，是飞机是汽车都无所谓了，重要的是这款交通工具性能很好。这款飞行汽车若将机翼折起来就和SUV款休闲车很像，可以像普通汽车一样在马路上行驶。展开机翼时，他就能在空中飞行。"飞跃"在空中时，能够飞到30多米到150多米高。

它可以使用普通汽油为燃料，燃料箱容量是20加仑。该车在空中飞行时耗油量约为每小时15升，在地面行驶时耗油量为每小时8至10升。

麻省理工学院传导体实验室的Connie Cheng及LeonardoBonanni进行了一项新发明：聪明汤匙。

这一只聪明汤匙内部含有锌、金、曾纳二极管，以及铝制的感应器，可在汤匙搅拌食材的同时侦测食物的温度、酸度、盐度以及黏性，之后这些数据会被传送至主电脑作为分析以及提供下一步指示之用。

美国麻省理工学院媒体实验室公布其正在研发的100美元笔记本电脑的构想。这项研究是为了实现实验室主任尼古拉斯·格罗蓬特在今年达沃斯世界经济论坛上提出的全世界"一名儿童一台笔记本电脑"的教育目标而进行的。这款低价电脑将以Linux系统为基础，实现彩色全屏，配有多个USB接口，采用独创的电源设计，除不能进行大容量数据储存外，具备其他高价笔记本电脑的绝大部分功能。

麻省理工学院作为技术先导的大本营，他们的筛选申请入学者的资料方式也十分独特。学院运用信息技术，让计算机阅读申请材料，并打分。人，只用来检查计算机是否有误。

这一系列的材料都说明，麻省理工所坚持的是培养手脑并用的精英人才。在麻省人看来，一个人即使懂得许多高精技术，但不会动手，不会将理论运用于实际、科技运用于生产，那就称不上精英。

作为一所以培养高级科技人才、管理人才、工程师和技术人员为主的综合性大学，麻省理工鼓励学生活学活用，将自己所学的理论联系于实际的动手过程中，并在此期间直观地增进自己的理论知识。

麻省理工小百科

在 2011 年万维网里，科技宠儿摇篮的麻省理工以压倒性的胜利排名世界第一。泰晤士报教育增刊的世界大学排名中，麻省理工学院在总平均排名世界第二(仅次于哈佛大学)，在科学技术方面排名世界第一，在工程科学方面排名世界第一，在自然科学方面排名世界第二，在社会科学方面排名世界第七。美国国家研究协会把麻省理工学院在美国大学的知名度排第一。

第二课　注重全面发展

麻省理工名言

奉献的方法有多种，可以通过你的智慧，通过你出色的求知欲和解决问题的能力。

　　麻省理工学院由一所工程技术学院发展到理工科大学，继而再转型为综合性大学，走过了一条我国很多大学正在经历的发展道路。在麻省理工学院的发展历程中，每一次重大变革都是从教育开始的，教育理念和教育实践的变革一直是其发展、变革、壮大的主旋律。麻省理工学院以教育变革为其转型之根本，由教育理念的更新促进教育实践的变革，进而实现战略转型的

成功经验,值得我国很多大学借鉴。

关注社会发展

自大学产生以来,大学教育与社会需要之间的关系是影响大学发展的主要矛盾关系之一。在古典大学漠视社会发展需要,现代大学轻视社会需要的时代,新生的麻省理工学院以社会发展需要为教育导向,创新教育理念,建立起一所"与众不同"的新型大学,满足了社会工业化进程对工程技术人才的迫切需要。

不仅如此,在其150多年的发展历史中,麻省理工学院不保守、不落后,勇于开拓教育的新视界,根据社会发展和进步的新需要,不断提出新的教育理念,进行新的教育实践,长期引领科学教育和工程教育的新方向,成为最具特色的世界一流大学。

学生实践机会

作为一所以科技教育为特色的大学,麻省理工学院注重实践教育,从通识教育开始,就为学生开设科技实验课,而且规定了必修课程门数和要求达到的学分数；在专业教育中利用丰富先进的实验条件，将实验教学与研究紧密结合起来；在课外活动中组织了多种研究、实践计划，如本科生研究机会计划，独立活动期，工程实习项目，媒体艺术与科学新生计划等，为学生自主研究和实践提供各种条件和方便，既丰富了学生的生活，又为学生提供了广阔的学习和发展空间。

> **【麻省理工开放课程】**
>
> 女性研究开放课程：女性与性别研究导论，两性与性别身份，女性政治思想，亚裔美国人的种族与性别议题，认同性与差异性，国际妇女之声，美国历史中的性别与法律。

正因为如此，麻省理工学院学生的实践能力超群，在科技创新、项目组织与管理、工程设计与领导等方面表现出超人的才华，其师生在20世纪历次科技革命中作出了令世人瞩目的贡献。

注重人文教育

麻省理工学院教育的发展为科学教育和人文教育在大学教育中对人的发展的意义作了完美的诠释。

在麻省理工学院发展之初，尽管有一定的人文教育，但大多不成体系，也没有形成风气，直到20世纪40年代后期，它仍然没有形成重视人文教育的氛围。这也注定了它在美国和世界高等教育中的地位还不能达到顶峰。刘易斯报告对麻省理工学院教育的发展具有划时代的意义，它标志着麻省理工学院的教育理念上升到一个全新的高度，使麻省理工学院又一次领导了美国和世界高等教育发展的潮流。

人文教育的加强使麻省理工学院完成了凤凰涅槃的过程，它的人才培养开始走向追求科学与人文的和谐统一，这也使它成了一所名副其实的世界一流的综合大学。

培养社会责任感

作为高等教育机构，大学的根本职能在于培养人才。培养负责任的大学生既是大学对学生个人的义务，也是大学的社会使命所系。麻省理工学

院将大学的教育职能与国家的兴衰和社会的文明紧紧地联系在一起,致力于培养能够担负社会责任的领袖人才,为国家强盛安定、社会繁荣发展作出了卓越的贡献。

　　麻省理工学院将学生的社会责任感和领袖才能的培养融入通识教育、专业教育以及一般的校园文化活动,使学生一进入校园就能萌发出高远的社会理想、浓厚的社会责任和强烈的社会使命意识。这也是为什么麻省理工学院众多毕业生在社会上能够建功立业,成就卓绝的根本原因。

教育国际化

　　国际化是高等教育的一个重要特征,通常它主要表现为学术的国际交流,更多的是学者之间留学互访和合作研究等。麻省理工学院有着与其他大学共同的教育国际化实践,但它的过人之处在于它充分利用了新科技革命所带来的国际学术交流的便利,实施了"世界的麻省理工学院"项目,使麻省理工学院成为世界上第一所真正的一流的虚拟大学,使不同时空的各国民众能够通过国际互联网分享其优质教育资源,显示出其与世界共享的博大胸怀与气魄。

麻省理工小百科

　　麻省理工学院 2008—2009 学年的学杂费是 49100 美元。2008—2009 麻省理工学院学生平均领到的奖学金为 33950 美元。麻省理工学院在 2008 年底有 101 亿美元的总资产。因为麻省理工学院很有钱,家庭年收入低于 75000 美元的学生一律免学费,所以麻省理工学院经常被喻为世界上最有钱也最慷慨的大学。

第三课　企业家式的精神

　　企业家是美国经济改革的驱动力，他们把新的思想、方法和先进的技术介绍给商界和市场，并进行创造性的工作。企业家的精神在MIT随处可见。即使学生对商界很少感兴趣，MIT的企业家式的精神却鼓励学生进行有创造性的努力以产生新的制度和解决方法。学生为了求知而进行研究同应用知识使之服务于社会的观念相配合导致了从实验室产生的大部分成果都能应用于现实世界。如果把MIT的研究生和教师建立的公司组成一个独立的国家，这些公司创造的总收入将使这个国家成为世界第二十

四大经济强国。

MIT的校友、教师和学生在美国上千个公司的创办中发挥了重要作用，这些公司位于马萨诸塞州、硅谷、美国各地和世界上的其他国家。许多公司在生物工艺学、防御工事、半导体、微电子、高级计算机和投机资本等方面已成为新兴工业的基石。为了维持和扩展校园企业家式的传统，MIT企业家中心对来自学院的所有分院、系和校园社团群体的广泛的和处于增长中的企业家式的活动、项目和资源系列都给予了足够的重视。企业家中心设计和实行新的对企业家未来的实践作铺垫的教育和研究计划。同时，校园内还有许多竞赛和奖学金鼓励学生去从事科学、技术和企业家的职业，激励学生成为有创造性的个体。

大学生科研机会规划

MIT作为一所新型大学于1865年建立时就既重视基础理论知识又强调实际的操作能力。首任院长罗杰斯认为，学生应当从实在的数据中了解具体的结论。"通过实验进行教学"是罗杰斯的教育信条。他强调积极主动的学习，让学生寻找新的信息，因而把个人的经验转化成知识。MIT强调利用实验室、工厂和计算机资源进行教学，让本科生从事研究活动。

MIT是第一所制订"大学生研究计划"的大学。1957年，发明偏振片照相机的埃德温·H.兰德在MIT的讲座——《伟大之产生》对MIT的教学思想产生了很大的影响。他认为，标准的大学考试和评分制度只能压抑学生成为伟大人物的潜力，学生不应被看作是不成熟的孩子，应被教授们当作年轻的同事，并应及时给他们以从事独立的、有激励性的科研的机会。为此，几年后他专门设立了一项给MIT使用的托管基金，用来从事具有特别重要意义的工作。因而1969年MIT制订了"大学生研究机会计划（UROP）"，它给本科生提供广阔的、开放的、作为教师的初级同事参与研究的工作。它是以研究为基础的本科生同教师进行智力协作的计划。UROP现在仍是全美大学中最大和最广泛的计划，没有其他哪所大学在这方面能与之比肩。

MIT也是唯一的学生可在每一门可获得的学科中进行研究的大学，包括艺术、社会科学和人文科学，而不是仅仅限制在自然科学和工程学领域。UROP向所

> **【麻省理工开放课程】**
>
> 工程系统组开放课程之二：运输系统，交通政策与策略与管理，交通流量系统，航线班次规划，智能运输系统导论，交通政策与环境限制，飞行器系统工程，高等软件工程，整合电子系统与全球信息系统等。

有MIT和威尔斯利学院的学生提供了参与研究的机会，学生可参加研究活动的每一个阶段：提出或发展研究计划、建议、进行研究、分析数据、写作研究结果的书面报告。UROP的项目可在学年或暑假的任何时间进行，同时也可在任何系或跨学科的实验室进行。对UROP经历的评价，在每一学期或暑假结束时由学生和教师各写一份。除自然科学和工程学之外，UROP也适用于其他分院和各系，包括艺术、人文科学、图书馆和写作等。在研究项目的质量评估结束后，对教师和学生进行各种各样的奖励。

教师们认为"大学生科研机会规划"的学生一起工作是自己活动的重要内容之一，"这在MIT是最重要的计划之一，对教师和学生来说都是重要的财富"。1998年度，教师从他们自己的研究资金中拿出500万美元作为参加"大学生科研机会规划"的学生的工资。UROP的项目可在学年或暑假的任何时间进行，IAP是开始一个UROP项目的最佳时期。（IAP即"独立活动时期"，在MIT是指特殊的四个星期，从1月4日到1月29日。IAP为教师和学生提供了一个令人高兴的使他们从学习常规中摆脱出来的休息日。学生可自由安排自己的学习日程，从事独立的课题或做一些在学期

内不可能做的事情。许多教师可以尝试有创新性的教育实验,并能同学生进行非正式的接触)。

本科生在MIT的五个分院和40多个跨学科实验室与中心同教师一起做研究。尽管"大学生科研机会规划"的课题能帮助学生作出有关专业或职业的决定,但许多学生喜欢探索与自己专业很少有或几乎没有联系的领域。与教师合作研究是学生进研究院或就业的很好的推荐书,这项规划已使许多本科生进入了科学界。"'大学生科研机会规划'的经历可能是本科教育最好的要素。学生只有在这种典型的情况下才能对未解决的问题进行真正的研究。这些未解决的问题相对来说更难、更使人困惑和更易失败。有时它们甚至可能没有解决的办法。"

麻省理工小百科

　　麻省理工学院于 1861 年由一位著名的自然科学家威廉·巴顿·罗杰斯创立。他希望能够创建一个自由的学院来适应正快速发展的美国。由于南北战争,直到 1865 年麻省理工学院才迎来了第一批学生。随后其在自然及工程领域迅速发展。

第四课　麻省理工名人榜——天才数学家约翰·纳什

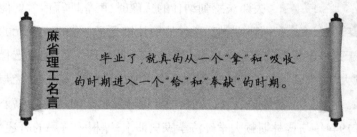

麻省理工名言

毕业了，就真的从一个"拿"和"吸收"的时期进入一个"给"和"奉献"的时期。

基本简介

约翰·纳什（John F Nash），美国数学家，前麻省理工学院数学系教授，主要研究博弈论、微分几何学和偏微分方程。他的理论被运用在市场经济、计算、演化生物学、人工智能、会计、政策和军事理论、晚年为普林斯顿大学的资深研究数学家。1950年，约翰·纳什获得美国普林斯顿高等研究院的博士学位，他那篇仅仅27页的博士论文中有一个重要发现，这就是后来被称为"纳什均衡"的博弈理论。

纳什于1928年出生在美国西弗吉尼亚州工业城布鲁菲尔德的一个富裕家庭。他的父亲是受过良好教育的电子工程师，母亲则是拉丁语教师。纳什从小就很孤僻，他宁愿钻在书堆里，也不愿出去和同龄的孩子玩耍。但是那个时候，纳什的数学成绩并不好，小学老师常常向他的家长抱怨纳什的数学有问题，因为他常常使用一些奇特的解题方法。而到了中学，这

种情况就更加频繁了,老师在黑板上演算了整个黑板的习题,纳什只用简单的几步就能解出答案。

求学经历

中学毕业后,纳什进入了匹兹堡的卡耐基梅隆大学学习,之后又进入卡耐基技术学院化学工程系。1948年,大学三年级的纳什同时被哈佛、普林斯顿、芝加哥和密执安大学录取,而普林斯顿大学则表现得更加热情。当普林斯顿大学的数学系主任莱夫谢茨感到纳什的犹豫时,就立即写信敦促他选择普林斯顿,这促使纳什接受了一份1150美元的奖学金。由于这一笔优厚的奖学金以及与家乡较近的地理位置,Nash选择了普林斯顿大学,来到阿尔伯特——爱因斯坦当时生活的地方,并曾经与他有过接触。他显露出对拓扑、代数几何、博弈论和逻辑学的兴趣。约翰·冯诺依曼在1944年与普林斯顿大学经济学家奥斯卡·摩根士特恩的著述《博弈论和经济行为》,通过阐释二人零和博弈论,正式奠定了现代博弈论的基础。1950年,22岁的纳什以非合作博弈为题的27页博士论文毕业。

当时的普林斯顿已经成了全世界的数学中心,爱因斯坦等世界级大师均云集于此。在普林斯顿自由的学术空气里,纳什如鱼得水,他22岁博士毕业,不到30岁已经闻名遐迩。1958年,纳什因其在数学领域的优异工作被美国《财富》杂志评为新一代天才数学家中最杰出的人物。"纳什均衡"是他22岁博士毕业的论文,也奠定了数十年后他获得诺贝尔经济学奖的基础。

获得Fields奖

【麻省理工名人】
理察·费曼,获得1965年诺贝尔物理学奖,1939年获得麻省理工学院物理学士学位。

在研究领域里,纳什在代数簇理论,黎曼几何,抛物和椭圆形方程上取得了一些突破。1958年他几乎因为在抛物和椭圆形方程里的工作获

得Fields奖，但由于他的一些结果没有来得及发表而未能如愿。在MIT的日子里，他在一家医院做一个腿上小手术时遇到了埃莉诺，并在1953年，他25岁时与她有了一个私生子John David Stier。1954年夏天在Rand公司工作期间，在男厕所里因为有伤风化的过分暴露而被警察设下的搜寻同性恋圈套中被捕，那时的同性恋当然是不为社会所容的异端行为。当即他被Rand公司开除。

　　1955年，他与一个他自己的漂亮学生，来自南美在MIT的物理系读书的艾里西亚约会。艾里西亚很崇拜他，经过一番心计，她终于赢得了他的倾心。1956年的一个晚上，埃莉诺来看纳什，发现了艾里西亚。埃莉诺很是恼火，将结果告诉了纳什的父亲。他父亲鉴于那个私生子的考虑，督促纳什与埃莉诺结婚。但他的朋友们大都极力反对，说埃莉诺与他悬殊太大。他父亲很快就去世了，这很大程度上可能和这个丑闻有关，至少纳什是这样认为。

　　1957年2月，纳什与艾里西亚结婚。1958年新年的时候，纳什好像是脱胎换骨，精神失常的症状显露出来了。他一身婴儿打扮，出现在新年晚会上。两周之后他拿着一份纽约时报，垂头丧气地走进MIT的一间坐满教授的办公室里，对人们宣称，他正通过手里的报纸收到一些信息，要么来自宇宙里来的神秘力量，要么来自某些外国政府，而只有他能够解读外星人的密码。当一个人问他为何那么肯定是来自外星人的信息，他说，有关超自然体的感悟就如同数学中的灵思，是没有理由和先兆的。

　　秋天，纳什30岁，刚取得MIT的tenure，艾里西亚怀孕。后来他们的儿子John Charles Martin Nash出生，他因为幻听幻觉被确诊为严重的精神分裂症，然后是接二连三的诊治，短暂的恢复和新的复发。

　　艾里西亚非常担心他会自杀。她决定带他到欧洲度假，企盼新的环境

会让他忘记过去并开始新的生活。但他认定他必须离开美国，并在东德、法国和瑞士试图寻求政治避难。美国国务院采取了各种措施，以Alicia的名义使得他的避难没有成功，最终他只得回到美国。

1960年夏天，他目光呆滞，蓬头垢面，长发披肩，胡子犹如丛生的杂草，在普林斯顿的街头上光着脚丫子晃晃悠悠，人们见了他都尽量躲着他。1962年时当他被认为是理所当然的Fields奖——数学领域里的Nobel奖——获得者时，他的精神状况又使他失之交臂。尽管几年后艾里西亚跟他离婚，但还是跟他住在一起，在他生病期间精心照料他30年。到1970年的时候，他已经辗转了几家精神病医院，病情逐渐稳定下来。

倡导和平

重新回到普林斯顿之后，在艾里西亚和几个数学家朋友的关照下，他悠闲地过着平稳的日子，时不时跑到普林斯顿校园里的象牙塔，数学系13层高的FineHall楼里，在教室和过道黑板上涂抹一下乱七八糟的符号与方程。他会突然闯入正在上课的教室，用口哨哼着Bach的LittleFugue，嘴里咀嚼着咖啡纸袋子，于是被称为Phantom of Fine Hall。对外星人的幻觉毁灭了他的生活，也因此催生了他强烈地要为联合国的世界和平理念而奋斗，并为之困扰，不断地给政府官员和联合国写信。自然地，有关世界和平的想法来自他对博弈论应用于世界格局的理解。

就这样，他几乎被学术界遗忘了。到20世纪80年代，有几项荣誉性奖都几乎要授予给他，最终都因为他的病状而放弃。80年代末期，Nobel委员会开始考虑给予博弈论领域一次机会，而纳什就名列候选人名单的前茅，最后因为对博弈论的怀疑和对纳什的健康担忧而没有实现。但是，纳什居然从那场梦中醒了过来，渐

渐地恢复了。对于精神病尚没有
真正理解的今天，这算是神奇的
事情。自那以后,纳什花大量时间
照理他的儿子，因为他的儿子很
可能因为遗传的原因而患有精神
分裂症。即使在1994年Nobel奖委
员会已经做出授予纳什的决定之
后，尘埃仍然没有落定。在每一
Nobel奖项宣布的当天，瑞典皇家

科学院(Royal Swedish Academy of Sciences)也要投票批准该奖项,但一
般都是按照惯例走一下形式。但面对1994年的经济学奖,纳什和另外两
个候选人John C.Harsanyi和Reinhard Selten的工作却被指责为无足轻重
与过于狭隘和过多的技术细节,最后仅以历史上唯一的微弱多数局面通
过。这样的局面使得1995年2月瑞典皇家科学院秘密地重新定义经济学
奖项,让其用于在政治科学、心理学和社会学领域有重大贡献的社会科
学。

　　在诺贝尔奖的授奖仪式上那些庄重的鸡尾酒晚宴和舞会上,人们都
极其提心吊胆,屏住呼吸,不知道他会怎么表现。后来他的实际表现还
算不错。1996年他在第十届世界精神病学研讨会（World Congress of
Psychiatry)上报告了他自己的经历。1958年他30岁时被认为是"世界上最
有前途的年轻数学家",但紧接着他的整个世界都坍塌了:"我在MIT的
教职员工，还有Boston都变得陌生起来……我开始认为自己是宗教圣
人,并总是听到从那些反对我想法的人那里传来的像电话上的声音……
这种恍惚的状态就像一场永远没有醒来的梦。"

学术幽灵

　　1958年的秋天,正当艾里西亚半惊半喜地发现自己怀孕时,纳什却为
自己的未来满怀心事,越来越不安。系主任马丁已答应在那年冬天给他永

John.Nash
纳什

久教职，但是纳什却出现了各种稀奇古怪的行为：他担心被征兵入伍而毁了自己的数学创造力，他梦想成立一个世界政府，他认为《纽约时报》上每一个字母都隐含着神秘的意义，而只有他才能读懂其中的寓意。他认为世界上的一切都可以用一个数学公式表达。他给联合国写信，跑到华盛顿给每个国家的大使馆投递信件，要求各国使馆支持他成立世界政府的想法。他迷上了法语，甚至要用法语写数学论文，他认为语言与数学有神秘的关联……

于是，在20世纪70和80年代，普林斯顿大学的学生和学者们总能在校园里看见一个非常奇特、消瘦而沉默的男人在徘徊，他穿着紫色的拖鞋，偶尔在黑板上写下数字命理学的论题。他们称他为"幽灵"，他们知道这个"幽灵"是一个数学天才，只是突然发疯了。如果有人敢抱怨纳什在附近徘徊使人不自在的话，他会立即受到警告："你这辈子都不可能成为像他那样杰出的数学家！"正当纳什本人处于梦境一般的精神状态时，他的名字开始出现在70年代和80年代的经济学课本、进化生物学论文、政治学专著和数学期刊的各领域中。他的名字已经成为经济学或数学的一个名词，如"纳什均衡""纳什谈判解""纳什程序""德乔治—纳什结果""纳什嵌入"和"纳什破裂"等。

【麻省理工名人】

巴兹·奥尔德林，因是第二位（在尼尔·阿姆斯特朗之后）踏上月球的人而闻名；1962年获得麻省理工太空工程博士学位。

纳什的博弈理论越来越有影响力，但他本人却默默无闻。大部分曾经运用过他的理论的年轻数学家和经济学家都根据他的论文发表日期，想当然地以为他已经去世。即使一些人知道纳什还活着,但由于他特殊的病症和状态,他们也把纳什当成了一个行将就木的废人。

传奇仍在继续

有人说,站在金字塔尖上的科学家都有一个异常孤独的大脑,纳什发疯是因为他太孤独了。但是,纳什在发疯之后却并不孤独,他的妻子、朋友和同事们没有抛弃他,而是不遗余力地帮助他,挽救他,试图把他拉出疾病的深渊。尽管纳什决心辞去麻省理工学院教授的职位,但他的同事和上司们还是设法为他保全了保险。他的同事听说他被关进了精神病医院后,给当时美国著名的精神病学专家打电话说:"为了国家利益,必须竭尽所能将纳什教授复原为那个富有创造精神的人。"越来越多的人聚集到纳什的身边,他们设立了一个资助纳什治疗的基金,并在美国数学会发起一个募捐活动。基金的设立人写道:"如果在帮助纳什返回数学领域方面有什么事情可以做,哪怕是在一个很小的范围,不仅对他,而且对数学都很有好处。"对于普林斯顿大学为他做的一切,纳什在清醒后表示,"我在这里得到庇护,因此没有变得无家可归。"

守得云开见月明,妻子和朋友的关爱终于得到了回报。20世纪80年代末的一个清晨,当普里斯顿高等研究院的戴森教授像平常一样向纳什道早安时,纳什回答说:"我看见你的女儿今天又上了电视。"从来没有听到过纳什说话的戴森仍然记得当时的震惊之情,他说:"我觉得最奇妙的还是这个缓慢的苏醒,渐渐地他就越来越清醒,还没有任何人曾经像他这样清醒过来。"

纳什渐渐康复,从疯癫中苏醒,而他的苏醒似乎是为了迎接他生命中的一件大事:荣获诺贝尔经济学奖。当1994年瑞典国王宣布年度诺贝尔经济学奖的获得者是约翰·纳什时,数学圈里的许多人惊叹的是:原来纳什还活着。纳什没有因为获得了诺贝尔奖就放弃他的研究,在诺贝尔奖得主自

> **【麻省理工名人】**
>
> 本·伯南克,现任美国联邦储备局主席;1979年获得麻省理工学院经济学博士学位。

传中,他写道:从统计学看来,没有任何一个已经66岁的数学家或科学家能通过持续的研究工作,在他或她以前的成就基础上更进一步。但是,我仍然继续努力尝试。由于出现了长达25年部分不真实的思维,相当于提供了某种假期,我的情况可能并不符合常规。因此,我希望通过目前的研究成果或以后出现的任何新鲜想法,取得一些有价值的成果。

而在2001年,经过几十年风风雨雨的艾里西亚与约翰·纳什复婚了。事实上,在漫长的岁月里,艾里西亚在心灵上从来没有离开过纳什。这个伟大的女性用一生与命运进行博弈,她终于取得了胜利。而纳什,也在得与失的博弈中取得了均衡。2005年6月1日晚,诺贝尔北京论坛在故宫东侧菖蒲河公园内的东苑戏楼闭幕。热闹的晚宴结束后,纳什没有搭乘主办方安排的专车,而是一个人夹着文件夹走出了东苑戏楼。他像一个普通老人一样步行穿过菖蒲河公园,然后绕到南河沿大街路西的人行横道上等待红绿灯。绿灯亮起,老人踽踽独行的背影在暮色中渐行渐远,终于消失不见。

博弈论研究

纳什在上大学时就开始从事纯数学的博弈论研究,1948年进入普林斯顿大学后更是如鱼得水。他在普林斯顿大学读博士时刚刚二十出头,但他的一篇关于非合作博弈的博士论文和其他相关文章,确立了他博弈论大师的地位。在20世纪50年代末,他已是闻名世界的科学家了。特别

是在经济博弈论领域,他做出了划时代的贡献,是继冯·诺依曼之后最伟大的博弈论大师之一。他提出的著名的纳什均衡的概念在非合作博弈理论中起着核心的作用。后续的研究者对博弈论的贡献,都是建立在这一概念之上的。由于纳什均衡的提出和不断完善为博弈论广泛应

用于经济学、管理学、社会学、政治学、军事科学
等领域奠定了坚实的理论基础。

【麻省理工名人】

多伊奇,美国中央情报局前局长,现任麻省理工学院化学系正教授。

"纳什均衡"概念产生

纳什的所有研究中一个最耀眼的亮点就是日
后被称之为"纳什均衡"的非合作博弈均衡的概念。纳什的主要学术贡献
体现在1950年和1951年的两篇论文之中(包括一篇博士论文)。1950年他
才把自己的研究成果写成题为"非合作博弈"的长篇博士论文,1950年11
月刊登在美国全国科学院每月公报上,立即引起轰动。说起来这全靠师兄
戴维·盖尔之功,就在遭到冯·诺依曼贬低几天之后,他遇到盖尔,告诉他
自己已经将冯·诺依曼的"最小最大原理"(minimaxsolution)推到非合作博
弈领域,找到了普遍化的方法和均衡点。盖尔听得很认真,他终于意识到
纳什的思路比冯·诺依曼的合作博弈的理论更能反映现实的情况,而对其
严密优美的数学证明极为赞叹。盖尔建议他马上整理出来发表,以免被别
人捷足先登。纳什这个初出茅庐的小子,根本不知道竞争的险恶,从未想
过要这么做。结果还是盖尔充当了他的"经纪人",代为起草致科学院的短
信,系主任列夫谢茨则亲自将文稿递交给科学院。纳什写的文章不多,就
那么几篇,但已经足够了,因为都是精品中的精品。

两篇重要论文

1950年和1951年纳什的两篇关于非合作博弈论的重要论文,彻底改
变了人们对竞争和市场的看法。他证明了非合作博弈及其均衡解,并证明
了均衡解的存在性,即著名的纳什均衡。从而揭示了博弈均衡与经济均衡
的内在联系。纳什的研究奠定了现代非合作博弈论的基石,后来的博弈论
研究基本上都沿着这条主线展开的。然而,纳什天才的发现却遭到冯·诺
依曼的断然否定,在此之前他还受到爱因斯坦的冷遇。但是骨子里挑战权
威、藐视权威的本性,使纳什坚持了自己的观点,终成一代大师。要不是30
多年的严重精神病折磨,恐怕他早已站在诺贝尔奖的领奖台上了,而且也

绝不会与其他人分享这一殊荣。

纳什是一个非常天才的数学家,他的主要贡献是1950至1951年在普林斯顿读博士学位时做出的。然而,他的天才发现———非合作博弈的均衡,即"纳什均衡"并不是一帆风顺的。1948年纳什到普林斯顿大学读数学系的博士。那一年他还不到20岁。当时普林斯顿可谓人杰地灵,大师如云。爱因斯坦、冯·诺依曼、列夫谢茨(数学系主任)、阿尔伯特·塔克、阿伦佐·切奇、哈罗德·库恩、诺尔曼·斯蒂恩罗德、埃尔夫·福克斯……全都在这里。博弈论主要是由冯·诺依曼(1903—1957)所创立的。他是一位出生于匈牙利的天才的数学家。他不仅创立了经济博弈论,而且发明了计算机。早在20世纪初,塞梅(Zermelo)、鲍罗(Borel)和冯·诺伊曼已经开始研究博弈的准确的数学表达,直到1939年,冯·诺依曼遇到经济学家奥斯卡·摩根斯特恩(Oskar Morgenstern),并与其合作才使博弈论进入经济学的广阔领域。

我所见的约翰·纳什(节选)———刘怡雯

那就看吧,看看这人。不过他老了,我入学那年他已经80岁了,不常在校园里走动了。我是在大一的尾声才第一次见到了约翰·纳什,在那之前倒是经常见到他的儿子。大一时我在工科图书馆找了个闲职,清晨和半夜在图书馆里坐上两三小时,扫扫借书者的条形码。这种时段的图书馆总是很冷清,同学们要么还未起床要么已经休息,倒是几个住在附近的疯子和傻子,雷打不动,图书馆一开门就来,捣鼓些疯疯癫癫的事情,直到半夜你在他耳边三请五请才走。我记得其中一个总穿着宽松的毛衣、一脸络腮胡子的胖子,在电脑前一坐就是七八个小时,他大概得了某种极严重的癫痫,每过几十分钟会突然克制不住地呻吟起来,鼻子翕动着,脚扭动着,这么大声发作约半分钟,他又像没事人似的全好了。他的体内养着一头难以控制的野兽,隔段时间就得大声嚷嚷自己的存在。我开始觉得很恐怖,直到某天,同在图书馆工作的学长告诉我,那个疯胖子是维基百科的正式编辑,每天在电脑前审订无数词条,我才对他肃然起敬起来。时间一长,对经常光顾图书馆的疯子的种种狂状熟视无睹,渐渐少了害怕,多了亲近,在深夜听见癫痫病人梦呓般的呻吟,恍惚像母亲口中的摇篮曲。

【麻省理工名人】

蒂姆·伯纳斯-李,万维网之父,1994年在麻省理工学院创立了万维网联盟。

图书馆里的疯子

这些图书馆疯子中有一个,四五十岁了,头发胡子又长又脏,坑坑洼洼。他总是穿一件普林斯顿的套头衫,两腿大开地躺倒在椅子上,手里一本厚厚的书,经常是不打开的,就放在手上,醒着的时候眼睛直直地看着前方,睡着的时候就仰着头像死去了一样。其他的疯子我还常常看见他们清醒时正常的表情,只有这个疯子,他虽然很安静,但总是陷在极端迷茫烦扰的状态。他经常呆若木鸡地坐上好久,然后蓦然剧烈地摆动脖子和臂膀,眉毛鼻子紧紧拧在一起,嘴里大口大口喘气,像是正在经历极大的苦痛。某一天,他正如此发作着,学长指着他说,"喏,这是约翰·纳什的儿子。""什么!"我大吃一惊,"他儿子不是哈佛毕业生吗?""那是《美丽心灵》编出来的。精神病是遗传病。"学长冷笑着说。

那次残酷的邂逅是我第一次得以把《美丽心灵》与真实的约翰·纳什区分开。后来我还有几次从数学系的同学那儿听说约翰·纳什儿子的疯狂事迹。据说,他儿子常常待在数学楼的公共休息室,在黑板上写满离奇疯癫的公式,其中一个广为流传的公式是这样的:1 = 水星。1+1 = 金星。1+1+1 = 木星。如此种种,直到他把自己所知的星星都写完,甚至连"英仙座""大熊座"都有。

得知他儿子真实情况不久,我终于见到了约翰·纳什本人。大一末的某天偶尔在路上走,迎面走过来两个老人,男的高大而干枯,女的矮胖而臃肿,他们穿着正装,大约要参加什么仪式。我认出了男人

【麻省理工名人】

诺姆·乔姆斯基,是麻省理工学院语言学的荣誉退休教授。乔姆斯基的《生成语法》被认为是20世纪理论语言学研究上最伟大的贡献。

是纳什，很兴奋地推推边上同行的朋友。他说，"早看到啦。"我又问边上的女人是谁，"还有谁？当然是他老婆。"我心里又吃了一惊，这形象与詹妮弗·康纳利饰演的美丽妻子实在相差太大。朋友看我怔怔地，便半是劝慰半是嘲讽，"年轻的时候大约挺漂亮的，现在老了嘛。说起来，《美丽心灵》里讲得他们如何神仙眷侣，其实他

疯了不久后她就要要求离婚，这么多年他们住在一幢房子里，只是同住人的关系，直到2001年拍了电影，他们才又复婚。"两位老人从我们身边走过，步履蹒跚，一声不吭，他们间是那么疏离，既像是陌生人的疏离，又像是熟视无睹太多年的疏离。《美丽心灵》在我心中营造的那个关于爱的奇迹的泡沫就这么被戳破了，我只看到一个寻常老人的卑琐晚境。

纳什的精神病

所幸大部分普通人还是被电影的泡沫鼓舞着，一提起纳什总想到《美丽心灵》；就像许多学者被博弈论的泡沫鼓舞着，想方设法在自己的研究里加点博弈论赶时髦。这些年博弈论在各类学科前沿炙手可热，我在普林斯顿的许多课堂上听到纳什的名字，越是那些像是离博弈论差之千里的领域，譬如生物、比较文学、历史，越是有学者绞尽脑汁想和博弈论攀上些亲戚。在那些讲座里，纳什的名字总是和"纳什均衡"等同起来。只有一次，我在截然不同的语境中听教授说起纳什。那是一节异常心理学讲座，"今天我想跟大家谈一个有趣的精神分裂症病例，病例的主人公是著名的纳什教授。"心理学教授搬出一座庞大的老式录像带播放器，在投影仪上给我们放了一段访谈，我还清楚地记得访谈中旁白的第一句话："约翰·纳什曾患有严重的精神分裂症，可他坚称他的疾病是全靠意志力治愈的。"

他共有两次入院经历，第一次入院在专治上层阶级的麦克林医院，那里的医生把精神分裂症当作心理疾病，成天做心理咨询，询问童年经历。

他的同事唐纳德·纽曼（Donald Newman）去看他，纳什说："唐纳德，如果我不变得正常，他们是不会让我出去的。可是，我从来没有正常过啊……"第二次入院在特伦顿精神病院。访谈人和他故地重访，纳什站在草坪上，凝视着

巍巍耸立的暗淡的建筑，拒绝再靠近半步。"他们给你打针，让你变得像动物一样，好让他们像动物一样待你。"在这里，他被迫接受了如今已被西方医学界停用的胰岛素昏迷治疗：大剂量注射胰岛素，让精神病人陷入昏迷状态。而病人清醒时，也状如行尸走肉。他开始只吃素食，以此抗议医院的治疗，当然没人把这当回事情。在长时间胰岛素昏迷治疗后，他终于"变正常"了，他生平从没有如此谦逊有礼。同事妻子回忆说："他看起来乖得就像刚被人打了一顿。"

　　半年后，谦逊有礼的约翰·纳什终于从特伦顿精神病院出院。他跟跄地走出医院，做的第一件事就是去找童年好友，"和我讲讲我们一起玩的事情吧。那个治疗把我的童年记忆给抹掉了。"如果回归理性仅意味着对社会标准的驯服、意味着丧失记忆，治愈还有多少价值？尤其是对于纳什这样一个把数学视作"唯一重要的事情"的天才。纳什教授心中最纯粹的数学不是理智，而是灵感。理智不过是沟通这种灵感的手段，而若重获理智也意味着灵感丧失，他情愿放弃理智。一个朋友在他住院时去看望他："你发疯的时候声称外星人和你说话。可是你这样一个理性的数学家，怎么可能相信外星人这种无稽之谈？"纳什回答说，"数学的创见同外星人一样进到我的脑子里，我相信外星人存在，就像我相信数学。"他在笔记本上写道："理性的思维阻隔了人与宇宙的亲近。"

"特立独行"的纳什

　　从特伦顿精神病院出院不久，纳什拒绝接受任何药物治疗，因为治疗让他感觉迟钝，不能想数学。他过去的同事在普林斯顿大学给他安排了一个研究员的闲职。于是学生们常常看到一个穿着红跑鞋的中年人形容枯

槁地在校园里游荡,在整块黑板上写下不合逻辑的公式,拿着几百张前夜刚演算好的数学公式出现在某教授的办公室,他有了个绰号,"数学楼幽灵",很少人知道这个疯子到底是谁。而在七八十年代,他周围的亲友开始注意到,纳什渐渐不疯了。他的眼神变清澈了,他的行为有了逻辑。

"那么,不靠治疗,你是如何康复的呢?"访谈人问他。"只要我想。有一天,我开始想变得理性起来。"从那天起,他和他幻听到的声音开始辩论,驳倒那些声音,"以理性分辨非理性,以常识分辨错觉。""只要我想。"在纳什这个个案里,疯狂与理智似乎变成了一个自由意志的选择。我甚至不再相信他真正疯过;或许,他理性地选择了疯癫,又疯癫地回归了理性。或者,说得更准确一些:从七八十年代的某一天起,他有意识地选择将一部分的疯狂运用在数学的灵感上,而将剩余的疯狂用理性囚禁起来。

不过在我看来,真正治好纳什的也许不是他过人的智力和意志力,而是荣誉。七八十年代,博弈论在经济学上飞速发展,纳什声名渐隆。1994年他夺得诺贝尔经济学奖后,一夜间开朗了许多,简直变了一个人。领奖后他在街上散步,常常有陌生人向他致敬,"纳什教授,祝贺你。"纳什发疯之时,自视甚高的他正苦苦追求数学界最高的菲尔兹奖而不得。倘若他能及时得到菲尔兹奖,也许就不会在失落和压力下发狂了。更进一步讲:荣誉降低了社会标准的尺度,在荣誉的光环下什么都变美了、变正义了。狂乱的行为在正常人身上被贬斥为"发疯",在诺贝尔奖得主身上便被赞美成"特立独行"。那么,有没有可能纳什教授的疯癫并没有被治愈,倒是普罗大众治愈了他们审定疯癫的标准呢?

【麻省理工名人】

贝聿铭,美籍华人建筑师,1983年普利兹克奖得主,被誉为"现代建筑的最后大师"。1940年获得麻省理工学院建筑学学士学位。

与纳什教授见面

大二春天我阴差阳错地当选了普林斯顿数学俱乐部的主席，这个俱乐部除了定期请教授讲话、周末玩玩需要耗费过多智力的桌面游戏，一年也就搞三次大活动：夏

天派队去参加国际大学生数学奥林匹克、秋天组织面向高中生的普林斯顿数学竞赛、春天组织数学教授和本科学生同乐的正式聚餐。我新官上任没几天，就要搞正式聚餐，怕来的人少场面不好看，就向前任主席请教。他说："请教授是很容易的，你电子邮件群发所有数学教授，便完事了。至于请学生，你就在海报上写，'想见见约翰·纳什的真身吗？来参加数学俱乐部的聚餐吧！'保准无数人跑过来看热闹。"我照办了，果然很快就有许多同学报名，也有不少教授表示会参加，只是从未收到约翰·纳什的回复。

聚餐那天是5月的第二个周末，我们包下了数学楼最高层的大厅，放上十几个圆桌。赴宴的学生还一个未到，我们正在摆放器皿和食物，就看到电梯门一开，出来三个人，正是约翰·纳什还有他的妻儿。我慌慌张张地去迎接他，"纳什教授，你来大家会很高兴的，聚餐还没正式开始，你不如先坐这桌。""你是发邮件的沈小姐？"他这么问道。"是，是我发的邮件，我叫Lily。"我这么答道。"沈小姐，你好。"他仿佛没听见我的答话，"约翰·康威会来吗？我听说他会来。""康威教授的确回复说会来，他还说他要为聚餐致辞呢。"

聚餐不久就开始了，康威教授没有到，我打电话去他家，他妻子说，"太不好意思了，他彻底把这事忘了。"于是康威教授不会来了，更别指望他致辞。那些回复说一定会来的教授，也有一大半没有出席。"沈小姐，约翰·康威会

来吗？聚餐已经开始半小时了。"纳什教授又问我。我说，不会了，他忘记了这事。"是吗。"纳什有些失落，于是我也有些失落，不过同学们倒都不怎么在乎，个个欢欣万分，"不是有纳什在嘛！"大家的眼睛都向着纳什坐的那桌张望，有不少人在去拿吃食时故意走远路，从纳什身边经过，腼腆地打个招呼："纳什教授好。"高年级的学生向一年级新生介绍，"那是纳什，那是他老婆，那是他儿子。"炫耀着自己见多识广。只是没有一个人，敢在纳什一家坐的一桌坐下来。相比之下，其他教授身边围着学生和同事，大家言笑晏晏。我动员我认识的朋友，"你们情愿这么多人挤在这桌，去纳什那桌不是更好吗？想想看，以后可以跟人吹，我和纳什吃过饭……"朋友们有些跃跃欲试，却都开玩笑似的互相抬杠，你推我我推你，谁都没有换位子。这么拖拉了几次，聚餐快结束了，纳什那桌仍然只坐着他和他的家人，剩下七个位子孤零零地空着。他的儿子趴在桌子上，机械地捶着自己的脑袋，他的妻子一言不发地板着脸，叉着手端坐在那里，而纳什默默地极缓慢地吃着一片肉。我看着这番孤独凄凉的景象，自责却无计可施。

正在这时候，一个大一的女孩子走到纳什面前，结结巴巴地说："纳什教授，我能和你合影吗？我真的——我觉得——你真伟大！"纳什愣了愣，点点头。她站在约翰·纳什身后，甜甜地合了影，然后拿着相机，奔向自己的朋友，又是笑呀又是嚷呀，像是刚做了件顶了不起的事情。大家受了感召，纷纷站起来，走向约翰·纳什，自觉排起了队，有的手里拿着相机，"教授，能和您合影吗？"有的手上什么都没有，那是真正对数学有激情的孩子，想听纳什讲讲博弈论和纳什嵌入定理。

我想告诉你，那个晚春的傍晚所有男生都穿着衬衫和西裤，所有女生都穿着花裙子。我想告诉你，数学楼是全校最高的建筑，数学楼最高层的大厅360度都是没有间隔的观景玻璃。透过玻璃看出校园美如画：卡耐基湖畔荡独木舟的游人正在悠悠地往回划，研究生院的塔楼下几只大肥鹅笨头笨脑地在聊天，教堂和

【麻省理工名人】

　　叶乃裳，21岁大学毕业后赴美深造，25岁就拿到麻省理工学院物理博士，是台湾第一位最年轻的女博士。加州理工学院物理系迄今唯一女教授。

美术馆前还有很多人在拍照，而布莱尔拱门下晒日光浴的孩子们恐怕已经觉得凉了，收起毯子准备回家，至于那些遍布校园角角落落的几千只灰色和黑色的松鼠们呢，它们恐怕又在忙活着筹备寒冬的一场盛宴，或许能从这个食堂偷一只甜甜圈，从那个寝室偷一块巧克力……我们排着队等着和纳什拍照，顺便透过观景玻璃张望着校园的一草一木，而夕阳也张望着我们，大家的脸上身上都覆盖着玫瑰色的光晕。我想告诉你，《美丽心灵》里那让人动容的授笔仪式完全是导演的杜撰，可是，那个傍晚，在数学楼顶层排着队等着和纳什教授合影或谈话的年轻人们，他们的结结巴巴、推三搡四，难道不比那个子虚乌有的授笔仪式更让人感慨？"纳什教授，我真的——我觉得——你真伟大！"纳什教授已经从疯癫康复了；或者说，自诺贝尔奖和《美丽心灵》后，不再有人觉得他的不正常是件非纠正不可的事情。而他还是孤独的，学生们不敢和他讲话，更别提和他一桌吃饭。但是，那个晚春时节为纳什排起的长长队伍，还有诸多类似于这样的温暖的轶事，大概就足够支撑着他保持淡泊平和，度过自己的晚年。

博弈问题

假设你是一个处于古战场前线的士兵，当面对敌方的阵线时你采取何种策略最佳？如果己方获胜，你的贡献不太可能是决定性的，你倒是冒着有可能受伤或者牺牲的风险；如果敌方取胜，你伤亡的可能性就更大了。于是唯一合理的结论是：逃跑。如果每个士兵都如此推理的话，恐怕战争就不存在了。

当然，战争仍然在历史的背景舞台上轰隆作响，是因为还有比上面简单推理更多的东西。至少对逃跑士兵的处决，就使得逃跑的代价比起与战友同生共死来得严重。或者如当年西班牙征服者Cortez率

【麻省理工名人】

　　钱学森，中国两弹一星事业奠基人，曾任美国麻省理工学院和加州理工学院教授，1936年获麻省理工学院硕士学位。

领很少的人在墨西哥登陆后所做的那样，Cortez通过烧毁抵达的船只来断绝后退的生路，以面对人数众多的墨西哥中部的Aztec人。同时，Cortez故意将毁船的行为让Aztec人看见，让他们揣摩他必胜的信心。

　　喜欢追本溯源的人说博弈论——也有人将game theory翻译成对策论或游戏理论——开始于犹太法典（Talmud）中一个男人如何将死后的财产发给三个妻子的难题。Plato在Republic中，Socrates就曾为上面战争前线的士兵困境问题而困扰。在Shakespeare的Henry V中，Henry V在占领法国北部的村庄Agincourt后屠杀法国战俘的时候也采用类似Cortez的策略。Thomas Hobbes（1588~1679）用类似战场上逃跑行为的逻辑在其著作Leviathan中得出结论说，人与人的合作是不可能的，于是政府只能在无政府状态与强制之间取其轻：选择施予暴政，惩治任何不履行诺言的人，如同对逃兵的惩罚。

　　如果这些有点抽象的话，云儿曾经在"互识、共识、华容道"一文中所引的《三国演义》中"诸葛亮智算华容"的例子，也很能说明行动的僵局。尽管最后曹操在与诸葛亮的心理战中跌入陷阱，但如果两人都能真正揣摩对方的心态，那么曹操将像Buridan的驴一样处于无法行动的地步，而不是他实际采纳的华容道。这样繁杂的文字叙述，费半天工夫也不容易让人明白。几大段文字下来，不但别扭，还远不如一个矩阵框图让人一目了然，就像经济学中的"边际效应"与心理或生理学中的desensitization的概念，远不如用一个函数关系的导数那样直截了当。

　　博弈论是处理一个参与者——可以是一只狗或狼，一条甲壳虫，或者一个人或组织等——在追求最大效用的驱使下的理性行为。从20世纪70年代末期，学者们逐渐形成一个共识，当一个人或群体与他或他们的博弈论对手都能以理性的方式做出决策行为的时候，那就是博弈论大显身手的场合。有人将博弈论比作Mendel的遗传理论和Darwin的自然选择对生物学的影响，或者Newton的天体力学对物理学的奠基作用。

然而,真正的社会并不严格是博弈论的理想对象,无论是股票市场上的投机现象,还是受制于传统文化的惯性影响下的体制选择。现在的普遍看法是,如同混沌动力系统理论带给人们的初始兴奋之后,

博弈论并不具有历史上像物理学中理论的预测能力。

囚犯的两难处境

要了解纳什的贡献,首先要知道什么是非合作博弈问题。现在几乎所有的博弈论教科书上都会讲"囚犯的两难处境"的例子,每本书上的例子都大同小异。博弈论毕竟是数学,更确切地说是运筹学的一个分支,谈经论道自然少不了数学语言,外行人看来只是一大堆数学公式。好在博弈论关心的是日常经济生活问题,所以不能不食人间烟火。其实这一理论是从棋弈、扑克和战争等带有竞赛、对抗和决策性质的问题中借用的术语,听上去有点玄奥,实际上却具有重要现实意义。

就以我们身边的故事做例子:有一天,一位富翁在家中被杀,财物被盗。警方在此案的侦破过程中,抓到两个犯罪嫌疑人,斯卡尔菲丝和那库尔斯,并从他们的住处搜出被害人家中丢失的财物。但是,他们矢口否认曾杀过人,辩称是先发现富翁被杀,然后只是顺手牵羊偷了点儿东西。于是警方将两人隔离,分别关在不同的房间进行审讯。由地方检察官分别和每个人单独谈话。检察官说,"由于你们的偷盗罪已有确凿的证据,所以可以判你们1年刑期。但是,我可以和你做个交易。如果你单独坦白杀人的罪行,我只判你3个月的监禁,但你的同伙要被判10年刑。如果你拒不坦白,而被同伙检举,那么你就将被判10年刑,他只判3个月的

监禁。但是,如果你们两人都坦白交代,那么,你们都要被判5年刑。"斯卡尔菲丝和那库尔斯该怎么办呢?他们面临着两难的选择——坦白或抵赖。显然最好的策略是双方都抵赖,结果是大家都只被判1年。但是由于

两人处于隔离的情况下无法串供。所以,按照亚当·斯密的理论,每一个人都是从利己的目的出发,他们选择坦白交代是最佳策略。因为坦白交代可以期望得到很短的监禁———3个月,但前提是同伙抵赖,显然要比自己抵赖要坐10年牢好。这种策略是损人利己的策略。不仅如此,坦白还有更多的好处。如果对方坦白了而自己抵赖了,那自己就得坐10年牢。太不划算了!因此,在这种情况下还是应该选择坦白交代,即使两人同时坦白,至多也只判5年,总比被判10年好吧。所以,两人合理的选择是坦白,原本对双方都有利的策略(抵赖)和结局(被判1年刑)就不会出现。这样两人都选择坦白的策略以及因此被判5年的结局被称为"纳什均衡",也叫非合作均衡。因为,每一方在选择策略时都没有"共谋"(串供),他们只是选择对自己最有利的策略,而不考虑社会福利或任何其他对手的利益。也就是说,这种策略组合由所有局中人(也称当事人、参与者)的最佳策略组合构成。

没有人会主动改变自己的策略以便使自己获得更大利益。"囚徒的两难选择"有着广泛而深刻的意义。个人理性与集体理性的冲突,各人追求利己行为而导致的最终结局是一个"纳什均衡",也是对所有人都不利的结局。他们两人都是在坦白与抵赖策略上首先想到自己,这样他们必然要服长的刑期。只有当他们都首先替对方着想时,或者相互合谋(串供)时,才可以得到最短时间的监禁的结果。"纳什均衡"首先对亚当·斯密的"看不见的手"的原理提出挑战。按照斯密的理论,在市场经济中,每一个人都

从利己的目的出发,而最终全社会达到利他的效果。不妨让我们重温一下这位经济学圣人在《国富论》中的名言:"通过追求(个人的)自身利益,他常常会比其实际上想做的那样更有效地促进社会利益。"

> **【麻省理工名人】**
> 　　孟少农,1942年毕业于麻省理工学院机械系,中国汽车工业杰出奠基人之一,湖北汽车工业学院第一任院长。

从"纳什均衡"我们引出了"看不见的手"的原理的一个悖论:从利己目的出发,结果损人不利己,既不利己也不利他。两个囚徒的命运就是如此。从这个意义上说,"纳什均衡"提出的悖论实际上动摇了西方经济学的基石。因此,从"纳什均衡"中我们还可以悟出一条真理:合作是有利的"利己策略"。但它必须符合以下黄金律:按照你愿意别人对你的方式来对别人,但只有他们也按同样方式行事才行。也就是中国人说的"己所不欲,勿施于人"。但前提是人所不欲,勿施于我。其次,"纳什均衡"是一种非合作博弈均衡,在现实中非合作的情况要比合作情况普遍。所以"纳什均衡"是对冯·诺依曼和摩根斯特恩的合作博弈理论的重大发展,甚至可以说是一场革命。

从"纳什均衡"的普遍意义中我们可以深刻领悟司空见惯的经济、社会、政治、国防、管理和日常生活中的博弈现象。我们将列举出许多类似于"囚徒的两难处境"这样的例子。如价格战、军备竞赛、污染等等。一般的博弈问题由三个要素所构成:即局中人(players)又称当事人、参与者、策略等等的集合,策略(strategies)集合以及每一对局中人所做的选择和赢得(payoffs)集合。其中所谓赢得是指如果一个特定的策略关系被选择,每一局中人所得到的效用。所有的博弈问题都会遇到这三个要素。

价格战博弈

现在我们经常会遇到各种各样的家电价格大战,彩电大战、冰箱大战、空调大战、微波炉大战……这些大战的受益者首先是消费者。每当看到一种家电产品的价格大战,百姓都会"没事儿偷着乐"。在这里,我们可以解释厂家价格大战的结局也是一个"纳什均衡",而且价格战的结果是

谁都没钱赚。因为博弈双方的利润正好是零。竞争的结果是稳定的,即是一个"纳什均衡"。这个结果可能对消费者是有利的,但对厂商而言是灾难性的。所以,价格战对厂商而言意味着自杀。从这个案例中我们可以引申出两个问题,一是竞争削价的结果或"纳什均衡"可能导致一个有效率的零利润结局。二是如果不采取价格战,作为一种敌对博弈论其结果会如何呢?

每一个企业,都会考虑采取正常价格策略,还是采取高价格策略形成垄断价格,并尽力获取垄断利润。如果垄断可以形成,则博弈双方的共同利润最大。这种情况就是垄断经营所做的,通常会抬高价格。另一个极端的情况是厂商用正常的价格,双方都可以获得利润。从这一点,我们又引出一条基本准则:"把你自己的战略建立在假定对手会按其最佳利益行动的基础上"。

事实上,完全竞争的均衡就是"纳什均衡"或"非合作博弈均衡"。在这种状态下,每一个厂商或消费者都是按照所有的别人已定的价格来进行决策。在这种均衡中,每一企业要使利润最大化,消费者要使效用最大化,结果导致了零利润,也就是说价格等于边际成本。在完全竞争的情况下,非合作行为导致了社会所期望的经济效率状态。如果厂商采取合作行动并决定转向垄断价格,那么社会的经济效率就会遭到破坏。这就是为什么WTO和各国政府要加强反垄断的意义所在。

污染博弈

假如市场经济中存在着污染,但政府并没有管制的环境,企业为了追求利润的最大化,宁愿以牺牲环境为代价,也绝不会主动增加环保设备投资。按照看不见的手的原理,所有企业都会从利己的目的出发,采取不顾环境的策略,从而进入"纳什均衡"状态。如果一个企业从利他的目的出发,投资治理污染,而其他企业仍然不顾环境污染,那么这个企业的生产成本就会增加,价格就要提高,它的产品就没有竞争力,甚至企业还要破产。这是一个"看不见的手的有效的完全竞争机制"失败的例证。如果企业都投资治理环境污染,同时都抬高产品价格,那么环境得到保护,企业利润也得到保护。这是最好的结果,但前提是你的竞争者信守承诺。直到20世纪90年代中期,中国乡镇企业的盲目发展造成严重污染的情况就是如此。只有在政府加强污染管制时,企业才会采取低污染的策略组合。企业在这种情况下,获得与高污染同样的利润,但环境将更好。

麻省理工小百科

　　近一个世纪来的发展,麻省理工学院已经发展成全世界极为重要的高科技知识殿堂及研发基地。因为二战和冷战,美国政府在自然及工程科学上大量投资,使得麻省理工学院在这段时间内迅速发展;过去50多年麻省理工也为美国政府制造许多威力极大的高科技武器。

第三章　秀丽宜人的校园风光

　　美国麻省理工学院占地 168 英亩,校园位于查尔斯河靠波士顿市剑桥一侧,蔓延约 1 英里。中央校区由一组互相连通的大楼组成。互相连通的设计是为了方便人们注来与各个院系之间。麻省理工学院的宽带无线网络遍布校园各个角落,共有 3500 个收讯点,是全美无线化做得最好的大学。

第一课 古典传统的校园风景

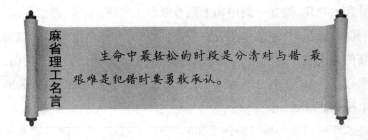

麻省理工名言

　　生命中最轻松的时段是分清对与错，最艰难是犯错时要勇敢承认。

　　在波士顿著名的"麻省理工大学"正确的名称是"马萨诸塞理工学院"。这所有名的大学横跨三条大街，占地大约70公顷，学校规模宏大，古典和现代风格交汇，建筑美与环境美融合，传统和传奇并存。

　　从波士顿最繁华的后湾区沿麻省大街一路向北，越过横跨查尔斯河的哈佛桥，再往前走一点，就到了那个全世界理工科学生都心向往之的地址——麻省大街77号。这座由麻省理工学院毕业生威廉·伯斯沃茨(William Bosworth)以哥伦比亚大学洛氏图书馆为原型建造的仿罗马万神殿式建筑，以它最经典的一面逐渐拉近。而从通常被当成MIT正门的麻省大道上的7号楼入口进入，充满传奇色彩的"无尽长廊"便现在眼前。由无尽长廊所贯穿的、始建于1916年的1号楼到10号楼，是麻省理工学院现存最古老的建筑。

　　如果从建筑风格的角度考察，伯斯沃茨为MIT坎布里奇新校区所设计

【麻省开放课程】

　　外国语言与文学开放课程之一：走出归零地，灾难和记忆，德国与其欧洲发展脉络，跨文化交流，在哥伦布之后，国际妇女之声，文化的视觉化，东亚文化，从禅到流行文化，文学与电影中的前卫通论，媒介与教育和市场，文化与全球化通论，日本流行文化，印度行脚等。

的1～10号楼群，很好地延续了老罗杰斯楼的新古典主义风格。而这也是当时新英格兰地区主流的建筑风格：庄严，宏大，简洁，质朴，讲求古希腊和古罗马时期的对称之美。站在以MIT第10任校长詹姆斯·吉里安（James Killian）的名字命名的吉里安方庭(Killian Court)正中，面向须仰视才见的10号楼的廊柱和大穹顶，处在一圈中楣上刻着亚里士多德、牛顿、富兰克林、巴斯德、拉瓦锡、法拉第、阿基米德、达·芬奇、达尔文和哥白尼等科学巨人名字的配楼的包围中，那种对科学传统的高山仰止之感会让你立时明白，为什么这里会成为MIT的标志性场景，频繁出现在明信片、到此一游的照片和电影电视中。

　　查尔斯河只是一条马萨诸塞州的内河，它起源于马萨诸塞州东部霍

普金顿镇的回声湖,一路上千回百转,蜿蜒曲折流经22个市镇,流程80英里(129公里)至波士顿汇入大西洋。在进入波士顿的入海口,是查尔斯河最宽阔的水域,也是查尔斯河最繁华的地段。虽然波士顿是个滨海城市,但是波士顿最迷人的,还是当数这条查尔斯河。

查尔斯河在波士顿市区附近有两座桥,其中的朗费罗桥又被人们称为红线桥,因为地铁红线从上面经过。这座古老大桥的两端连接着现代世界的两个极致,剑桥这端是麻省理工学院,以世界顶尖的理工科大学著称;波士顿的那一端是马萨诸塞州总医院,说它是世界级顶尖的医院亦应属当之无愧。桥两端的地铁站就分别以它们命名,麻省总院站——MGH(Massachusetts General Hospital)和麻省理工学院站——MIT (Massachusetts Institute of Technology)。

美国历史学家威尔·杜兰特(Will Durant)曾经总结过美国文化的一个有趣的特点:因为缺乏历史与传统的遗憾,而不惜补偿性地动用一切资源,营造一种古典和传统之美,狂热程度甚至超过那些古老文化的起源之地。在美国的公共建筑,尤其是政府办公楼和大学校园上,这一特点体现

得格外淋漓尽致。MIT这所诞生了美国第一个建筑系的大学,校园总体上却显得风格极其混杂,草率而又凌乱。以至于有这样的俏皮话流传:耶鲁等于石头,哈佛等于砖头,MIT等于水泥板,耶鲁长于高,哈佛长于红,MIT长于丑。

麻省理工小百科

　　麻省理工学院的中文译名早在清朝时便有。英文"State"作为第一级行政区划时一般翻译作"州",但是早期译法经常译作"省",而且海外华人社区直到今天依旧按照习惯把一些"州"称为"省"。所以虽然马萨诸塞是"州",习惯译法任将其称为"麻省"。虽然麻省理工学院的院系规模跟学术环境和当地的其他资深大学无异,但是按照习惯译法依旧译作"学院"。

第二课　新型数字图书馆

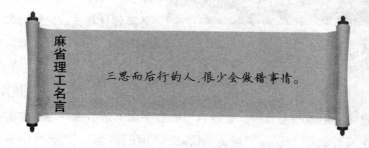

麻省理工名言

三思而后行的人, 很少会做错事情。

　　麻省理工学院的图书馆由五个主要的图书馆和几个所属的分馆组成。所藏图书1800万册, 杂志19000种。此外, 还有缩微资料、地图、乐谱等资料。图书馆共有工作人员200人。现在的图书馆建于1916年, 建筑比较老式。因校内不能再扩建图书馆, 故临时在市郊租用仓库作为书库。该校已经与哈佛大学和波士顿大学商定, 共同在离波士顿市区25公里的地方建造藏书楼。

馆内系统

　　美国麻省理工学院已正式启动新型多媒体数字图书馆系统, 该系统成为世界其他高校搜集、保存和利用电子化科研成果的样板。名为"DSpace"的新系统, 由麻省理工学院和美国惠普

【麻省理工开放课程】
　　外国语言与文学开放课程之二: 亚裔美国人研究导论, 传统中国文学, 亚洲之文化表现, 拉丁美洲研究导论, 全球经济之运作, 中文, 打破铁饭碗, 东亚的中国, 高至中级的学术沟通等。

公司联合开发，前期开发历时4年。麻省理工学院发布的新闻公报介绍说，按照设计，此系统具备处理该校教师和研究人员每年完成的总计1万多份数字化科研成果的能力。

这些成果包括期刊论文、技术报告和会议论文等，囊括了文本、音频、视频和图片等各类媒体格式。如何对多种复杂制式的数字化资料进行统一的搜集、保存和编目，已经成为各国高校普遍面对的一个难题。"DSpace"正是在此背景下应运而生的，它采用了"开放源"软件，这意味着其他高校甚至一些小的学院，能够不必支付使用费，通过直接利用或改写软件，创建自己的数字图书馆系统并与其他学校联网。正因为如此，"DSpace"被美国《高教纪事报》称为"同类系统中最为雄心勃勃，最值得密切关注的一个"。

麻省理工图书馆的使命是创造并持续提供一个易用的、值得信赖的信息环境，这种环境要有利于在学习和创造知识。麻省理工学院致力于创建能够推动和便于全世界范围内的学术信息交流的战略和系统。

图书馆将会处理来自三个领域的机遇和挑战。第一个是信息技术领域，包括新的信息资源和科研交流的形式，以及传统的出版。第二个领域是图书馆的用户，比如学生、教师、研究人员、来访者以及行政人员，他们依赖于图书馆的信息资源和服务进行工作和创造活动。同时，挑战和机遇还将来自麻省理工的更大的目标和优势地位。

图书馆将需要管理越来越多类型的资源、更多的数字化内容，以更多的格式和媒介出现；更多的学院自身产出的资源，远超出了图书馆传统的收集范围；更多有形的印刷内容；更多的多媒体内容；更多的数据和数据类型。对各种信息资源存取权的购买、许可、获取和管理的复杂性将会增加，这给图书馆带来了第二个挑战。新的出版实验(开放获取)会增加。图书馆进一步预测，版权环境将会继续带来实质性的挑战，并且可能会为教育和研究带来更多的问题。由于越来越多的服务和资源正通过网络提供，网络信息服务本身将会成为图书馆的一种关键能力。与通过网络提供资源一样，管理和提供对网络

【麻省理工开放课程】

　　卫生科学与技术开放课程：人类病理学原理与实务，人类生殖生物学，胃肠医学，神经科学导论，药理学原理，细胞与分子免疫学，细胞基质力学，医疗器材和植体设计，药物发展之原则与实践，组织与细胞，建模与仿真导论，语音和听觉的声学，耳朵的生理学，音乐感知与认知，健康护照系统中信息技术之未来。

信息服务的可靠的和稳定的获取将会成为为用户提供的一项重要服务。为了处理这种增长的需求，图书馆需要存储能力、信息(数据)的管理技巧、技术知识和创造力。同时，所有的研究型图书馆会更多地依赖于其他研究型图书馆的资源以满足用户的需要。建立和保持符合目前情况的系统和关系将是图书馆的另一个工作重心，同时，这在某种意义上也为教员和学生提供了便利。

　　学生们会继续到图书馆来，他们在评价和使用研究层次的信息资源方面表现出高度多样化的兴趣和专业水平。尽管MIT的学生的计算机技术很好，但是他们在寻找和解释研究层次的信息方面却表现出不足。将来，查找、筛选、评价和使用信息会变成学生需要掌握得更加重要的和必需的技能。对这些技术的掌握，无论是对他们在学院取得成功还是将来在事业中取得成功都是必需的。教员将继续对他们的领域和其他学科领域的数字信息资源有不同的看法或熟悉程度，但是，总体上对数字格式和数字化传递的接受将会增多。

　　当对数字格式的熟悉程度和接受程度增加以后，他们就将会对不同信息服务更高程度的整合产生需求。学生和教员一样，也会比以往使用更多类型的设备和便携的设备来下载、处理和管理信息资源。与此同时，学生们对知识产权的理解，从剽窃到版权，将会成为他们实践和伦理教育的一个越来越重要的组成部分。图书馆得到许可的和数字化的信息资源与

MIT的课程管理系统之间的协同都是图书馆面临的挑战。教学和学习的新的战略和技术将会持续出现。虚拟的实验室和实验手段在研究生和本科生层次中都将变得更加普及。

图书馆正处在教育、研究、出版和信息技术不断进步的交叉点上。这其中的每个领域都在变化当中，某些领域甚至变化得非常迅速。在可能和合适的范围内控制和影响这些领域将会是很重要的，同时，关注其任务的基础对于图书馆来说也同等重要。丰富的图书馆资源将会给学院的教学和以研究为基础的教育带来更多优势。在为学生的生活和学习服务驱动的背景之下，当图书馆更多地参与到帮助学生在有效地寻找、过滤、评价和使用他们能够利用的信息财富方面的终身技能的培养中去之后，这两个明显的趋势紧密结合起来了。在学术界，在帮助MIT形成优秀的教学质量方面，图书馆和档案馆的历史角色主要是提供物理的馆藏，因为他们与优秀学科的关系很大。图书馆的未来角色将是把图书馆的传统资源优势与现在的创新活动结合起来，在数字信息时代为支持教学和基于研究的教育树立一个典范。

麻省理工小百科

20世纪MIT最主要的成就是由杰·弗里斯特领导的旋风工程，其制造出了世界上第一台能够实时处理资料的"旋风电脑"，并发明了磁芯存储器。这为个人电脑的发展做出了历史性的贡献。而在1980年代，麻省理工大力帮助美国政府研发B-2幽灵隐形战略轰炸机，显示出先进的"精确饱和攻击"能力。麻省理工亦赢得"战争学府"之美誉。

第三课　无尽长廊与大穹顶

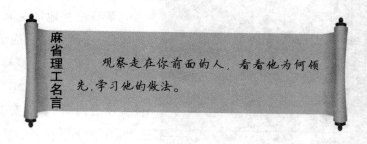

麻省理工名言

　　观察走在你前面的人，看看他为何领先，学习他的做法。

　　由无尽长廊所贯穿的、始建成于1916年的1号楼到10号楼，是麻省理工学院现存最古老的建筑。1865年2月20日，麻省理工学院开天辟地的第一堂课，上课地点是波士顿市中心的商会大楼。那时候，MIT创始人威廉·巴顿·罗杰斯(William Barton Rogers)费尽千辛万苦从各方募集资金建造的麻省理工学院的第一栋教学楼还是一片大工地，直到一年后方始建成。这栋坐落于波士顿后湾区博伊斯顿街上、后来被命名为"罗杰斯楼"的红砖大楼陪伴MIT走过了筚路蓝缕的半个世纪。但在20世纪初MIT迅速扩张、为求发展于1916年北迁至查尔斯河对岸的坎布里奇之后，它却被迅速弃诸身后。1939年，就在坎布里奇校区的新"罗杰斯楼"——7号楼落成一年后，老"罗杰斯楼"被拆掉，

【麻省理工开放课程】

　　历史学开放课程：近代美国的诞生史，美国历史中的暴乱罢工与阴谋，美国经典，内战及重建，大战与萧条时的美国，核子年代的美国，亚裔美国人的种族与性别议题，美国消费文化，战争与美国社会等。

土地作价卖给新英格兰生命保险公司加盖办公大楼。如今,只能从照片上摹想它当年的风貌。

如果从建筑风格的角度考察,伯斯沃茨为MIT坎布里奇新校区所设计的1～10号楼群,很好地延续了老罗杰斯楼的新古典主义风格。而这也是当时新英格兰地区主流的建筑风格:庄严,宏大,简洁,质朴,讲求古希腊和古罗马时期的对称之美。站在以MIT第十任校长詹姆斯·基里安(James Killian)的名字命名的基里安方庭(Killian Court)正中,面向须仰视才见的10号楼的廊柱和大穹顶,处在一圈中楣上刻着亚里士多德、牛顿、富兰克林、巴斯德、拉瓦锡、法拉第、阿基米德、达·芬奇、达尔文和哥白尼等科学巨人名字的配楼的包围中,那种对科学传统的高山仰止之感会让你立时明白,为什么这里会成为MIT的标志性场景,频繁出现在明信片、到此一游的照片和电影电视中。

事实上,以MIT为背景的两部著名电影《骄阳似我》和《决胜21点》,因为无法取得在校园内拍摄的许可,绝大多数镜头都是在其他地方完成的,但他们都没忘了插入几个以无尽长廊和大穹顶为背景的远镜头。这顿时为电影增加了可信度。与之相对应,为了节约费用而在纽约布朗尼克斯社区大学和曼哈顿学院取景的《美丽心灵》,虽然剧组人员费尽心机几乎营造了与MIT内部一样的走廊和办公室,但就因为"连一个大穹顶的转换镜头都欠奉"而被人大加嘲笑——"我可没从里面看出一丁点儿MIT的影子。"物理学系教授伊萨多·辛格在接受媒体采访时就曾毫不留情地这样说。

美国的8所常春藤盟校，校园建筑或罗马式，或哥特式，或维多利亚

【麻省理工开放课程】

语言学与哲学开放课程：哲学问题，正义，心灵与机器，古代哲学，电影的哲学，玄学，逻辑学，西方世界的爱的哲学，创造力的本质，作为视觉与文献迷思编造的影片，进阶语意学，语意学专题。

式，外观一个比一个宏伟壮丽，历史最悠久的哈佛反而是其中最寒酸简陋的一个。而在《美国大学之魂》(The Soul of The American University)一书中，美国教育史专家乔治·马斯登（George Marsden）指出，即使是历史较短的新兴大学，如东岸的芝加哥大学和西岸的斯坦福大学，也用大笔金钱打造出一种古老、神圣的近似欧洲大学的象牙塔氛围，以吸引捐赠人慷慨解囊。与这些学校相比，MIT这所诞生了美国第一个建筑系的大学，校园总体上却显得风格极其混杂，草率而又凌乱。

北迁坎布里奇之后，MIT在"一战"和"二战"之间、20世纪60年代、80年代前期和90年代末至今又经历过几次大的扩建。如果按照上面提到的第二条路线，在7号楼不进正门而是继续前行的话，你就能看到这些扩建工程的实例：左手边启用于1947年的洛克威尔篮球场(Rockwell Cage)代号W33，当年曾是在麻省理工学院接受培训的大批军人的室内操练场，如今是校园里仅存不多的几处"二战"期间仓促动工上马的临时建筑的遗迹。紧挨它的旁边，是建成于1968年的被戏称为"水泥蛋糕"的斯特拉顿学生中心。十字路口对面，有个突出白色大圆罐的楼群是已经有50年历史的MIT核反应实验室，右边一片乱糟糟有如废弃工厂的所在，则是超导发生器的实验基地。走过这片以水泥混凝土和简陋红砖为主基调、几乎毫无美感可言的工业建筑，向右转，便是以玻璃幕墙和钢结构为特色的20世纪80至90年代建筑，沿着瓦萨街两侧，编号从30多一直排到40多。而在这些平庸而讲求实际的楼群中，却突然跳出了完工于2004年、强烈挑战人们对建筑的思维定式的施塔特中心(Stata Center)。

如果说，从空中俯瞰，麻省理工学院的校园是一个被纪念大道、瓦萨街和梅恩街定义了三边的扁长三角形的话，那么其间各种时期、各种风格、彼此甚少联系、以空间上的并置来取代时间上的延续的建筑物，便将这个三角形变成一幅巨大的拼贴画。使一种传统得以庄严维系下去的纽带是它的连续性，然而，在这幅三角形的拼贴画中，肇始于麻省理工学院开创时的古典主义风格却在其后最辉煌的几十年中完全被弃之不顾，反而令它带上了某种反讽的味道。

麻省理工小百科

　　2006 年，麻省理工学院研究人员以病毒建造电池，2006 年度美国高等学府捐赠基金回报排名榜，此次麻省理工学院脱颖而出，以 23%的回报率力压排名第二的耶鲁大学，名列全美能力最高的大学捐赠基金。另外，麻省理工也研发了世界上第一个有人类感情的机器人 Kismet。

第四课 麻省理工名人榜
——物理学家丁肇中

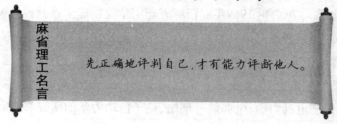

麻省理工名言

先正确地评判自己，才有能力评断他人。

人物简介

丁肇中(Samuel Chao Chung Ting)，1936年出生，汉族，祖籍山东省日照市，华裔美国人，美国实验物理学家，现任美国麻省理工学院教授，曾获得1976年诺贝尔物理学奖。他曾发现一种新的基本粒子，并以物理文献中习惯用来表示电磁流的拉丁字母"J"将那种新粒子命名为"J粒子"。

丁肇中出生在美国密歇根州的安娜堡，他的父母原本希望他出生在中国，不过当他父母在访问美国的时候，他提早出生了，也因为这个小意外，丁肇中具有了美国公民的身份。在出生的两个月后丁肇中随父母回到"中华民国"。由于中国那时处于战乱时期，丁肇中直到12岁没有接受传统的教育，主要由他的父母在家里教育他。丁肇中12岁到了台湾，经过不足一年的刻苦

努力，以优异的成绩考入了台北市成功中学。一年后转学到建国中学读书。

1955年高中毕业后，丁肇中考进台南市成功大学机械工程系。1956年，由于其中一个科目被当，心有不满的他前往美国密歇根大学修习工程学、数学和物理学。1959年，获得数学和物理学学士学位。1962年获得物理博

【麻省理工历任校长】

卡尔·泰勒·康普顿(Karl Taylor Compton，1887年9月14日—1954年6月22日) 杰出的美国物理学家，1930年至1948年任麻省理工学院校长。

士学位。1963年，他获得福特基金会的奖学金，到瑞士日内瓦欧洲核子研究中心(CERN)工作。1964年起在美国哥伦比亚大学工作。1965年成为纽约哥伦比亚大学讲师。1967年起任麻省理工学院物理学系教授，1969年任教授。1977年起任托马斯·达德利·卡伯特讲座教授。1970年任美国物理协会粒子和场研究项目顾问，并任《核物理通报》副主编。1975年当选美国艺术与科学学院院士。他是美国科学院院士，研究方向是高能实验粒子物理学，包括量子电动力学、电弱统一理论、量子色动力学的研究。他所领导的马克·杰实验组先后在几个国际实验中心工作。2000年受聘为日照职业技术学院名誉院长。2011年12月21日，受聘为华东师范大学名誉教授。2005年6月18日，受聘为曲阜师范大学名誉校长。

丁肇中的思维与交流方式极其独特，初次与其交流会让人觉得他思维混乱。但仔细听来就会了解到，他的思维并非混乱，而是他想说的事情过于复杂以至于无法用语言合理表示出来。这点是想必听过他讲座的人都深有体会。

学术思想

丁肇中的学术思想的特点是，在科学研究中非常重视实验。他认为，物理学是在实验与理论紧密相互作用的基础上发展起来的，理论进展的基础在于理论能够解释现有的实验事实，并且还能够预言可以由实验证实的新现象。当物理学中一个实验结果与理论预言相矛盾时，就会发生物理学的革命，并且导致新理论的产生。他根据近四分之一世纪以来物理学

的历史和他亲身的经验指出，许多重要实验，例如K介子衰变中电荷共轭宇称与宇称复合对称性(CP)不守恒的发现，J粒子的发现，以及高温超导体的发现，开辟了物理学中新的研究领域，但这些实验发现都是预先在理论上并没有兴趣的情况下作出的。又如高能加速器实验近年来作出的有关粒子物理的基本发现，除W粒子和Z粒子外，几乎都是在加速器开始建造时未曾预言过的。他强调，没有一个理论能够驳斥实验的结果，反之，如果一个理论与实验观察的事实不符合，那么这个理论就不能存在。他重视科学实验的观点，对科学工作者是很有教益的。

发现J粒子

1965年起，丁肇中领导的实验组在联邦德国汉堡电子同步加速器（束流能量为7.5×10^9 eV）上进行了关于量子电动力学和矢量介子(ρ、ω、ϕ)的一系列出色的实验工作，其中包括光生矢量介子、矢量介子衰变的研究、矢量为主模型的实验检验、ρ、ω、ϕ介子光生相位的测量和ρ、ω介子干涉参数的精密测量等，推进了对矢量介子的认识（见介子）。还在实验上证明了量子电动力学的正确性。

1972年夏，丁肇中实验组利用美国布鲁克海文国家实验室的3.3×10^{10} eV质子加速器寻找质量在$(1.5 \sim 5.5) \times 10^9$ eV之间的长寿命中性粒子。1974年，他们发现了一个质量约为质子质量3倍（质量为3.1×10^9 eV）的长寿命中性粒子。在公开发表这个发现时，丁肇

【麻省理工历任校长】

詹姆斯·克拉夫茨 (James Mason Crafts，1839年3月8日—1917年6月20日)，美国化学家，因与查尔斯·弗里德尔在1876年共同发现芳烃化学中重要的傅－克反应(包括烷基化和酰基化反应)而闻名。1892年，在麻省理工学院教授有机化学。1898至1900年成为麻省理工学院的校长。

中把这个新粒子取名为J粒子,"J"和"丁"字形相近,寓意这是中国人发现的粒子。与此同时,美国人B.里希特也发现了这种粒子,并取名为ψ粒子。后来(1975年)人们就把这种粒子叫作J/ψ粒子。J/ψ粒子具有奇特的性质,其寿命值比预料值大5000倍;这表明它有新的内部结构,不能用当时已知的3种夸克来解释,而需要引进第四种夸克即粲夸克来解释。J/ψ粒子的发现大大推动了粒子物理学的发展。为此丁肇中和里希特共同获得1976年诺贝尔物理学奖。

当时,新闻界有一个误会:以为J粒子就是"丁粒子",是丁肇中以姓氏来命名的。其实,这纯属巧合。丁肇中的本意是,想用这个粒子来纪念他们在探索电磁流性质方面,花了10年时间才获得的这项重要新发现。加之物理文献中习惯用J来表示电磁流,因此,丁肇中便以拉丁字母"J"来命名这个新粒子。

学术贡献

丁肇中的研究工作以实验粒子物理、量子电动力学及光与物质相互作用为中心。到目前为止,他在学术上的主要贡献有:(1)反氘核的发现;(2)25年来进行了一系列检验量子电动力学的实验,表明电子、μ子和τ子是半径小于10~16厘米的点粒子;(3)精确研究矢量介子的实验;(4)研究光生矢量介子,证实了光子与矢量介子的相似性;(5)J粒子的发现;(6)μ子对产生的研究;(7)胶子喷注的发现;(8)胶子物理的系统研究;(9)μ子电荷不对称性的精确测量,首次表明标准电弱模型的正确性;(10)在标准模型框架内,证实了宇宙中只存在三代中微子。

1981年起,丁肇中组织和领导了一个国际合作组——L3组,准备在欧洲核子中心预计在1988年建成的高能正负电子对撞机LEP上进行高能物理实验,将在质

【麻省理工历任校长】

苏珊·霍克菲尔德第十六任麻省理工学院(MIT)校长,也是麻省理工建校以来第一位女校长,美国艺术与科学院院士。她首开在脑研究方面使用单克隆抗体技术的先河,发现了导致癌细胞在脑内扩散的蛋白质家族和基因。

心系能量为1011eV能区中寻找新粒子,特别是电弱理论预言的黑格斯粒子,并研究Z0及其他粒子物理新现象。L3组目前共有包括中国在内的约13个国家近400名物理学家参加。

丁肇中热心培养中国高能物理学人才,经常选拔中国青年科学工作者去他所领导的小组工作。他是中国科学技术大学等校的名誉教授,中国科学院高能物理研究所学术委员会委员。

探索反物质

1998年6月2日,美国东部时间凌晨6时零9分,发现号航天飞机腾空而起,机内载中、美等国共同研制的"阿拉法磁谱仪"进行运行实验,此举揭开了人类第一次到太空寻找反物质和暗物质的序幕。阿拉法磁谱仪实验是一个大型国际合作科学实验项目,实验由丁肇中教授领导,包括美国、中国、意大利、瑞士、德国、芬兰等国家和地区的37个研究机构的物理学家和工程师参加,仅中国参加的科学家和工程师就不下200人,其目的是寻找太空中的反物质和暗物质。

这次在航天飞机上运行的"阿拉法磁谱仪"传回的数据,从接收到的1%数据判断,它工作正常,并出现了预想的反质子,但由于数量太少,尚无法说已经发现了反物质。阿拉法磁谱仪随航天飞机于12日返回地面。

获得荣誉

由于丁肇中对物理学的贡献,他在1976年被授予诺贝尔物理学奖,并

被美国政府授予洛仑兹奖，1988年被意大利政府授予特卡斯佩里科学奖。他是美国国家科学院院士，美国文理科学院院士，苏联科学院外籍院士，中国台北"中央研究院"院士，巴基斯坦科学院院士。他曾被密歇根大学（1978）、香港中文大学（1987）、意大利波洛格那大学(1988)和哥伦比亚大学(1990)授予名誉博士学位。

他是中国上海交通大学、华东师范大学和北京师范大学的名誉教授，是曲阜师范大学、日照职业技术学院名誉校长。1977年获美国工程科学学会的埃林金奖章。1988年获意大利陶尔米纳市的金豹优秀奖及意大利布雷西亚市的科学金奖章。

他领导着来自美、法、德、中等14个国家43所一流大学和科研院所的581名物理学家，在日内瓦建造的世界上能量最大的正负质子对撞机上，探索宇宙中的新物质、反物质。

不放过任一个难题

丁肇中的祖籍是山东省日照市涛雒镇。父亲丁观海、母亲王隽英皆任教于大学。1936年丁观海和已有身孕的妻子王隽英到美国进行学术访问时，王隽英意外早产。这个提前来到人间的婴儿，就是丁肇中。

1948年冬，丁肇中开始接受正规教育。受家庭的影响，他对学习一丝不苟，读书专心致志，遇到疑难问题，便找遍书本，务必得到答案才肯罢休。一次物理老师出了一道思考题，很多同学想了想觉得很难就放弃了，等着老师讲解，丁肇中不是这样，他吃饭想、走路想，别的同学都出去活动了，只有他还对着那道题苦苦思索，一个小时过去了，两个小时过去了……终于想到了解决问题的方法，他马上跑到图书馆查找资料验证自己的方法是否正确，直到确认自己的解题方法没有错误，他才满意而去。课堂上他聚精会神地听课，不论对自己的答案有没有把握，他总是第一个举手回答老师的提问。课后和同学们讨论问题时，往往要辩论到"甚解"才肯罢休。他的课余时间大部分是在图书馆度过的，很少与同学一起打球、看电影。他认为"最浪费不起的是时间"。

由于丁肇中勤奋刻苦，各门功课成绩优良，尤其突出的是数理，这为他实现终身的奋斗目标打下了扎实的基础。

> **【麻省理工开放课程】**
>
> 航空宇航工程开放课程之一：自动控制原理，空气动力学，可压缩流体动力学，滞流体之空气动力学，结构力学，结构分析与设计，材料计算静力学，航空系统的估计与控制，回授控制系统/回馈控制系统/反馈控制系统等。

决定当物理学家

1956年9月，丁肇中依依不舍地告别了父母赴美国学习。开始了在密歇根大学的艰苦学习。在大学期间，丁肇中能打破书本的局限去理解物理现象。他认为"作为一个科学家，最重要的是不断探寻教科书之外的事物。"

丁肇中经过三年的努力，获得了数学和物理学硕士学位，之后又在密歇根大学物理研究所攻读了两年，提前获得博士学位。他本来想成为一个理论物理学家，但有两件事促使他改变了自己的志向。一件是在研究所中，他虚心向乌伯克·凯斯等学识渊博的名教授请教，他们都非常喜欢这个勤奋的中国学生。乌伦伯克教授告诉他：作一个实验家比理论家有用。另一件是进研究所的第一个夏天，有两位教授正在进行一项暑期实验工

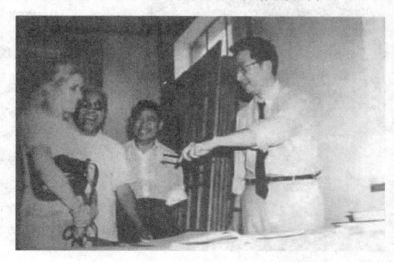

作,缺少一名助手,丁肇中应邀参加了实验。从此,他与实验物理结下了不解之缘。

测量电子的半径

丁肇中教授是世界著名的实验物理学家。在丁肇中所从事科学实验研究工作中,有几个他亲历并引以为自豪的精彩片段。

第一个片段是发生在1966年,丁肇中重做了当时世界上最重要的一个实验,那就是测量电子的半径。丁肇中得到的实验结果与理论物理学家推导出的理论相符合,因为早在1948年,理论物理学家根据量子电动力学的理论,得出电子是没有体积的结论。但是到了1964年,实验物理学家经过实验得到电子半径为10~13厘米实验结果。随后,多个物理学家同样得到电子半径为10~13厘米实验结果,即得出了实验与理论不相符合的结论。1966年,丁肇中重做这个实验,证明以前那些科学家做的实验结果都错了。后来丁肇中总结这个故事得出的体会是"做实验物理,不要盲从专家的结论"。

发现J粒子家族

第二个片段就是J粒子家族被发现的历史。这个发现,被国际高能物理学界誉为物理发展史上的一个重要里程碑。1970年代初,物理学家们普遍认为,世界上只有三种夸克,用三种夸克的理论就能够解释世界上所有的现象。1974年，丁肇中提出了"寻找新粒子与新物质"的实验方案，可惜未能被多数物理学家们重视。但他执着地求索，终于在实验中发现了新粒子——

J粒子，它的寿命是通常粒子的1万倍，并进而发现了J粒子家族。这一实验结果证明了当时三种夸克的理论是错误的。丁肇中体会这段历史总会说："做基础研究要有信心，你认为是正确的事，就要坚持去做；不要因为多数人的反对而不做，也不要去管其他人怎么看"。

西欧核子中心

第三个片段是在过去20年间丁肇中在西欧核子中心开展的富有成效的国际合作研究工作。这个国际合作组有19个国家的600多个科学家参加工作，其中三分之一来自美国，三分之一来自欧洲，三分之一来自俄罗斯及其他国家。这个国际合作实验组取得了重要的研究进展，并且发表一大批学术论文，有75人获得了博士学位。那么这个国际合作为什么会得到那么多的国家、那么多的科学家的支持呢？丁肇中后来在一次演讲中讲道：国际合作最主要的是选择世界上最重要的、最有兴趣的题目，引起科学家的兴趣。没有兴趣，就没有意义。

国际空间站

第四个片段是在国际空间站上寻找由反物质粒子组成的宇宙（AMS）的实验。这一实验，是经过大量、激烈竞争后在国际空间站上进行的唯一的实验。反物质的存在，是1928年由英国物理学家P.Dirac推测出来的，1933年他因此获得诺贝尔奖。

假如宇宙是大爆炸来的，有物质，也有反物质。由反物质组成的宇宙

【麻省理工开放课程】

　　航空宇航工程开放课程之三：随机矩阵及其应用，自动化与决策管理，认知机械人学，自动化与决策原理，自动系统之人类监督，太空生物医学工程与维生系统，太空推进，航空动力学，发明与专利权，工程管理等。

到哪里去了？所有的粒子都有反粒子，有没有由反物质组成的宇宙？丁肇中的AMS实验就是要回答这些问题。如果反物质存在，它会在太空中发射出反氦或反碳等原子核，这些反原子核会穿过太空接近地球，我们应该能够在太空中探测到。因此，这个实验需要到外太空去测量带电粒子，需要用测量磁场的方法来确定它们。这个实验也是一个国际合作研究工作，它由15个国家的科学家共同参与，在2006年11月用美国128号航天飞机将AMS实验送到国际空间站，实验为期3~5年。丁肇中为这个实验付出了大量的心血，在实验取得不断进展的时候，他曾深有体会地说，对一个做实验物理的人来说，要实现你的目标最重要的是要有好奇心，对自己做的事情要有信心，同时要去努力工作。

　　1976年诺贝尔物理学奖得主丁肇中在1980年写了一篇自传性的文章《在探索中：一个物理学家的体验》。这篇文章一开头，就引用了叶剑英元帅的《攻关》诗：攻城不怕坚，攻书莫畏难。科学有险阻，苦战能过关。

　　丁肇中说他于1936年1月27日出生在美国，但出生3个月后，父母又把他带回到中国。他说："由于当时中国的境况，我一直是一个难民，不断地从一个地方逃到另一个地方。当然，那时使我不可能得到任何的正规教育。"在他12岁时，随全家迁往台湾，才进中学读书，因而十分珍惜上学的机会。高中时，他特别喜欢理化，刻苦钻研，成绩很好，他的一个同学曾在毕业纪念册上给他这样的赠言："你的理科可以说在班上无敌手，我希望你集中全力向理科进攻，发明几个丁氏定律！"中学毕业后，丁肇中被保送进台湾成功大学机械工程系。1956年他20岁时只身赴美，进密歇根大学，于1962年获得了物理学博士学位。丁肇中选定了实验物理作为他的主攻方向。1972年他领导一个小组在纽约的布鲁克国家实验室进行了一系列实验去寻找新的重粒子。对于实验的艰巨性和复杂性，他曾经这样比喻道:"在雨季，一个像波士顿这样的城市，一分钟之内也许要降落下千千万万粒雨滴，如果其中的一滴有着不同的颜色，我们就必须找到那滴雨。"

【麻省理工开放课程】

　　航空宇航工程开放课程之四：物流与运输规划方法，航线班次规划，太空系统工程，卫星工程，整合精实企业体，系统安全，鲁棒系统设计，飞行器系统工程，空中运输系统建构，跨领域系统设计最优化，太空政策研讨，太空系统架构与设计。

1974年11月12日，在实验室里夜以继日地工作了两年多，全力攻关的丁肇中向全世界宣布，他的小组发现了一种未曾预料过的新的基本粒子——J粒子。这种粒子有两个奇怪的性质：质量重，寿命长，因而它一定来自第四夸克，这推翻了过去认为世界只由三种夸克组成的理论，为人类认识微观世界开辟了一个新的境界，被称为是"物理学的十一月革命"。

1977年秋，丁肇中访华期间向邓小平建议中国科学院派遣物理学家参加他的实验小组工作。自1978年1月他迎接第一个中国物理学家小组以来，已有上百人去到他的身边。他说："与中国的合作令人满意。"他还说："这几年，中国科研人员的素质有了很大改善从领导到一般科技人员，都大大年轻化了。科学，尤其是自然科学的重要发现都靠年轻人。像牛顿、法拉第、李政道、杨振宁，他们的重要发现都是在年轻的时候。因此，我对科学院年轻的科技人员抱有很大的希望。"

三个"不知道"

2004年11月7日，南航报告厅座无虚席，师生们在聆听诺贝尔物理学奖获得者、著名美籍华人丁肇中教授作报告，内容关于寻找太空中的反物质和暗物质。一个小时的精彩报告后，按照惯例，丁教授回答同学们的提问。"您觉得人类在太空中能找到暗物质和反物质吗？"

"不知道。""您觉得您从事的科学实验有什么经济价值吗？""不知道。""您能不能谈谈物理学未来20年的发展方向？""不知道。"一问三不

知！而且回答"不知道"时，表情自然诚恳，没有任何明知不说的矫揉造作。在场的所有同学都大感意外，短暂的沉默后开始有人窃窃私语起来。旋即，丁教授微笑着说，不知道的事情绝对不能去主观推断，而最尖端的科学很难靠判断来确定是怎么回事。简短而平实的几句话，赢得了全场热烈的掌声，经久不息。

无独有偶，《庄子·齐物论》也记载了一个三问而三不知的故事："啮缺问于王倪曰：'子知物之所同是乎？'曰：'吾恶乎知之！''子知子之所不知邪？'曰：'吾恶乎知之！''然则物无知邪？'曰：'恶乎知之！虽然，尝试言之：庸讵知吾所谓知之非不知邪？庸讵知吾所谓不知之非知邪？'"

学海无涯，而我生有涯。上知天文，下知地理，前观八百年，后观五百年，这样博学的人世所罕见。所以，有所不知并不是什么丢人的事情。孔子老早就教人"知之为知之，不知为不知，是知也"，但真正做到却很难。一般人都爱面子，在知识上总爱表示自己知道，即使不知道，也不愿意叫人家知道自己不知道。遇着事儿，凡有一点儿腾挪的空间，他们一定不会轻易吐出"不知道"三个字的。

丁肇中，这位在华人中享有盛誉的科学家，据说经常回答"不知道"。正是"不知道"激发的强烈求知欲，使他读起书来孜孜不倦，成为美国密歇根大学百年历史上从学士到博士完成时间最短的学生。当时该校每年学费1000美元，他因表现出色一直受到校方资助，从大学到博士的6年间，他仅用了100美元学费。也正是"不知道"激发的强烈好奇心，使他不断探索"不知道"的领域，为人类揭开了很多很多的"不知道"，并最终登上了诺贝尔领奖台。这里有一个反面的寓言故事：百灵鸟歌喉婉转，蝉来求艺。刚学了发声，蝉就扯开嗓子高喊"知了——"。亿万年来，它只会"知了知了"地叫，为世界制造些噪声。所以，如果我们要像丁教授那样有所作为，就不能

麻省理工学院
MA SHENG LI GONG XUE YUAN

以不知为知，而是勇敢地启开牙关，吐出那三个字"不知道"，然后再发奋努力，变"不知道"为知道。

树高千丈，落叶归根

"科学是没有国界的，而科学家总属于他自己的祖国。"2005年

> **【麻省理工开放课程】**
>
> 人类学开放课程之一：魔法、巫术和灵魂世界，神话、仪式和象征主义，医疗人类学，生物医疗学道德中之两难，逆天而行抑或择善固执，认同性与差异性，法律与社会，暴力、人权与正义，群族与国家认同，当代美国家庭，种族与科学等。

6月18日，蜚声中外的物理学大师丁肇中携妻将子回到故乡山东日照寻根祭祖，实现了一个海外游子多年的夙愿。在故乡涛雒镇南门里，面对上千名久久迎候的父老乡亲，丁肇中难以掩饰激动的心情。种德堂西厢房是丁肇中父亲丁观海和母亲王隽英曾经住过的屋子，参观完西厢房，大家邀请丁肇中题字留念，丁肇中请妻子苏姗先题。

苏姗会意一笑，这位金发碧眼的美国女士坐到古色古香的八仙桌前，在白纸上用英文深情写道："今天对丁氏家族来说，是一个特殊的日子：树高千尺，叶落归根。苏姗。2005年6月18日。"丁肇中从夫人手里接过笔，让儿子克里斯托弗签上自己的名字，最后，在题字下面，又一笔一画地签上了自己的名字：丁肇中。

丁氏家族是日照的名门望族，祖上屡出进士、举人，书香浓郁。丁肇中的祖父丁履巽肄业于上海复旦大学，父亲丁观海早年就读于山东大学，是一位土木工程学家。抗战初期，幼小的丁肇中曾在故乡度过无邪的童年。跟随父亲回乡的克里斯托弗·丁是丁肇中唯一的儿子，这位19岁、身材高大的小伙子正在父亲母校——美国密歇根大学念二年级。爷爷丁观海专为心爱的孙子起了一个中文名字：丁明童。老人还为丁肇中的另外两个孩子分别起了中文名字，叫丁明美、丁明明。

丁明童对父辈家乡的一切充满了好奇。每到一处，丁肇中都不厌其烦地用英语向儿子解说。他告诉儿子："美国人喜欢去欧洲，那是去找他们的祖先；而你来中国，也是找自己的祖先。"在丁肇中心里，他是多么渴望儿

子和他一样了解和热爱自己的故国家乡!伫立在祖父丁履巽的墓前,丁肇中表情沉重的脸上有了一丝宽慰。回忆1985年,少小离家的丁肇中首次回到阔别40多年的家乡探亲。

　　2002年6月14日,丁肇中在第二次回乡祭扫祖墓后说:"真应该带儿子回来,让他看看,让他知道他的根在这里。"如今,鬓毛已衰的丁肇中终于带着儿子回来了。整理一下花圈上的挽联,丁肇中牵着夫人苏姗的手,凝视着儿子,缓缓地用英语说:"Your root is here.(你的根在这儿。)"黑色的墓碑上镌刻着丁肇中亲拟的碑文:怀念我的祖父,一位鼓励家人为世界做贡献的人。短暂的故乡之旅即将结束时,丁明童感慨地说:"这一次我回到了父亲和爷爷的家乡,参观了故居,了解了几代人在这儿生活的情景,这将是我一生中最难忘的经历。"

J/ψ粒子的发现

　　1976年诺贝尔物理学奖授予美国加利福尼亚州斯坦福直线加速器中心的里克特(Burton Richter)和美国马萨诸塞州坎伯利基麻省理工学院的丁肇中(Samuel C.C.Ting),以表彰他们在发现一种新型的重的基本粒子中所作的先驱性工作。

　　粒子物理学的发端可以从1932年正电子的发现说起,到了50年代,陆续发现了反质子、π介子、反Λ粒子等等三十多种新粒子,其中稳定的有七种。寿命大多长于10~16秒。后来又发现了许多寿命更短的粒子,这些粒子也叫作强子共振态,是通过强相互作用衰变的。盖尔曼的夸克模型理论,解释了这些强子共振

态，其预言的Ω粒子又被实验证实。这时粒子物理学似乎已经达到了顶峰，没有什么事情可做了。然而，正是在这一短暂的沉静时期，1974年同时有两个实验小组，宣布发现了一种寿命特别长，质量特别大的粒子。

这项发现的宣布，打破了沉闷

的空气，使物理学家大为惊讶，推动粒子物理学迈向新的台阶。这项新的发现就是由里克特领导的SLAC—LBL合作组所发现的ψ粒子和由丁肇中领导的MIT小组所发现的J粒子。人们统称之为J/ψ粒子。SLAC是斯坦福直线加速器中心的简称，LBL是劳伦斯伯克利实验室的简称。两家共同组成一个合作组，为SLAC正负电子对撞机（SPEAR）配制了一台取名为MarkI的磁探测器，目的是探测4GeV的正负电子束对撞后生成的新粒子，探测范围可从2.4GeV直到4.8GeV。这是当时能量最高的电子对撞机。

1974年初，里克特小组发现在3.2GeV处截面反常，比邻近约高30%，当时并未引起注意。同年10月，又发现在3.1GeV处有一反常。后来还陆续有高出3~5倍的截面。这促使他们下决心把机器调回到3.1GeV附近进行精确测量，11月9日终于取得了在3.1GeV处存在狭共振的确切证据，并命名为ψ粒子。接着，又在3.7GeV处发现了ψ粒子的姐妹态，ψ'粒子。

研究J/ψ粒子

关于丁肇中的经历，请读他的自述："当我20岁时，我决定到美国去接受较好的教育，我父母的朋友、密执安大学工程学院的院长G.G.布朗，告诉我父母他很欢迎我去那儿，并到他家住宿。当时我只懂一点儿英语，而且对在美国的生活费用毫不了解，在中国，我通过看书了解到美国许多学生是通过自己劳动挣钱进入大学的，于是，我对父母说我也要这么做。1956年9月6日，我到达了美国底特律机场，身边带了100美元，当时好像已

很富裕了。我感到有些害怕，因我不认识任何人，而且通信也很困难。""由于我是靠得奖学金入学的，故我不得不努力学习以继续取得奖学金。我在三年内使自己在密执安大学获得了数学和物理学位，在1962年，在琼斯和泊尔博士指导下获得物理学博士学位。""我作为一个福特基金会的研究员到了欧洲核子研究中心（CERN）。在那儿我很荣幸能跟柯可尼教授一起搞质子同步加速器，从他那儿学到许多物理知识。他能以简单的方法对待一个复杂的问题，做实验相当仔细，这些都给我留下了深刻的印象。""1965年春天，我回到美国，在哥伦比亚大学任教。在那些年月里，哥伦比亚大学的物理系是一个很有刺激性的地方，我有机会观察到如：莱德曼、李政道、拉比、施瓦茨、斯坦博格、吴健雄以及其他教授的工作。他们在物理学上都具有各自的风格和相当突出的鉴别力。我在哥伦比亚短暂的几年，收益很大。"

"在我到达哥伦比亚大学的第二年，在坎伯利基电子加速器上进行一项由光子同核靶碰撞产生电子正电子对的实验。看来好像有点违反量子电动力学。于是我仔细地研究了该项实验，决定重做一次。我与搞西德电子同步加速器的韦伯教授和杰茨凯商量是否可在汉堡进行正负电子对产生的实验。他们都很热情地鼓励我马上就开始实验，1966年3月，我离开了哥伦比亚大学到汉堡去进行这个实验。自那时起，我以全部精力投入到电子对及μ介子对物理、研究量子电动力学和类光粒子的产生和

衰变、寻找能衰变成电子对或 μ 介子对的新粒子。这类实验的特点是需要高强度入射通量，需要绝对排除大量不需要的背景条件，同时又需要质量分辨率高的探测器。"

"为了寻找较大质量的新粒子，我于1972年带了实验小组回到了美国，在布鲁克海文国立实验室进行实验。1974年秋，我们发现了一种新的、完全出乎意料的重粒子——J粒子的证据。自那以后，找到了整族新粒子。"

J/ψ 粒子的介绍

关于电子——正电子实验的缘起，丁肇中在领诺贝尔奖的演说词中做了如下说明："1957年夏天，我是纽约暑期班的学生，偶然得到了赫兹堡的经典著作《原子光谱和原子结构》，从书中我第一次了解到光量子的概念和它在原子物理学中的作用，大学毕业前夕，我收到父亲送给我的圣诞礼物：阿希耶泽和贝律茨基合著的《量子电动力学》一书的英译本。在密执安大学学习期间，我仔细读了这本书，并自己推导了书中的某些公式，后来我在哥伦比亚大学任教的年代，很有兴趣地读了特雷尔1958年的一篇论文。他指出用高能电子加速器在短距离上对量子电动力学（QED）所做的各种检验的含义。对于怎样把某一类费因曼图从3μ介子的μ介子产生中分离出来，我同布洛茨基合作进行了理论计算。"为此丁肇中和布洛茨基联名于1966年发表了一篇论文。

1965年10月，丁肇中受德国汉堡德意志电子同步加速器研究中心（DESY）主任詹希克的邀请，做了 e^+e^- 对产生的第一个实验。他和他的小组使用的探测器具有如下特性：1.能利用负载循环2%～3%的10-11/s的入射光子流；2.接受度很大，不被磁铁的边缘或屏蔽物所限制，仅受闪烁计数器决定；3.所有的计数器并不直接面对靶体；4.为了排除强子对，切

连科夫计数器为磁铁所分隔，使π介子与第一对计数器中的气体辐射源相互作用而放出的电子被磁铁排除，不进入第二对计数器。从第二对计数器放出的低能电子则被簇射计数器排除。

这个实验的结果表示出量子电动力学正确地描述了粒子对产生过程直到10~14cm。然后，丁肇中小组转动谱仪的磁铁，使最大的粒子对质量接受区的中心在750MeV附近，他们观察到e^+e^-对的数量有很大的上升，明显地破坏QED。这种对QED的偏离，事实上是由强作用对e^+e^-产生的贡献增加而引起的。这时入射的光子产生重的类光粒子ρ介子，它再衰变为e^+e^-。它的衰变概率为α2的量级，为了证明情况确实是这样，他们做了另外一个实验，增加e^+e^-的张角，发现与QED的偏离更大。这是可以预计到的，因为当增加e^+e^-的张角时，QED过程比强作用过程减少得更快。约为5MeV，因此丁肇中小组研制了一个质量分辨率约为5MeV的探测器。

【麻省理工开放课程】

运动、体育与休闲开放课程：网球，重量训练，射箭，击剑，体智商，机械工程下的体能教育。

丁肇中小组的成员们面对的是极其单调的测量工作，可是这不是一般的测量，请继续听丁肇中教授的回忆："在有些测量中，事件率低，特别在研究大于ρ和ω介子质量范围的

e⁺e⁻质谱的实验里，当加速器全负载时，e⁺e⁻对的产额约为每天一个事件。这就是说，整个实验室大约有半年光景一直专门只做这个实验，每天一个事件的事件率还意味着，往往两三天没有事件，而在另外的日子里我们却得到两三个事件。正是在这个实验的

过程中，我们形成了每30分钟把全部电压检查一遍和每24小时通过测量QED产额来校准一次谱仪的传统。为了确保探测器工作稳定，我们还建立了物理学家跟班的惯例，甚至当加速器关机维修时也跟班，我们还从不切断电源。这样做的最终效果是，我们的计数室多年来有着与实验室的其他部分不同的基础体制。"

"我们经过多年的工作后，学会了怎样操纵具有负载循环2%～3%，每秒约10^{11} γ 的高强度粒子束。同时采用具有大的质量接受度和好的质量分辨率$\triangle M \approx 5MeV$的探测器，它能以$>>10^8$的倍数将 π π 从e⁺e⁻中辨别出来。"

"我们现在可以提出一个简单的问题：有多少重光子存在？它们的性质怎样？对我来说，不能想象只有三种重光子，而且它们的质量都是1GeV左右，为了解答这些问题，我同小组成员反复讨论了怎样进行实验。最后我决定1971年在布洛克海文国立实验室的30GeV质子加速器上首先做一个大型实验，把探测质量提高到5GeV，探测重光子的e+e–衰变来寻找更多的重光子。"

获得诺贝尔奖的演说

在诺贝尔奖演说词中，丁肇中这样形容准备阶段的工作："在建造我们的谱仪过程，及整个实验过程中，我受到很多的批评。问题在于为了达到良好的分辨率，必须要造一个非常昂贵的谱仪。一位有名望的物理学家批评说：这种谱仪只适用于寻找窄共振——但并不存在窄共振。尽管这

样，我还是决定按我们原来的设计创造，因为我一般不太相信理论论证。"

"1974年4月我们完成了实验的布置工作，并开始引入强大的质子束流到实验区。我们立刻发现，我们计数室里的辐射强度达每小时0.2伦琴。这就是说，我们的物理学家24小时内将要受到最大允许的辐射年剂量。我们花了两三个星期艰苦地寻找原因，大家为能否继续进行这项实验而担忧。

"一天，自1966年以来一直同我共事的贝克尔博士带着盖革计数器在踱步时，突然发现，辐射的大部分来自屏蔽区的一个特定的地方。经过仔细研究后，发现即使我们已经用了10000吨混凝土屏蔽块，但最重要的区域——束流制动器的顶部——却仍然根本没有被屏蔽！经此纠正之后，辐射强度降到了一个安全值，这样我们就可以进行实验了。

"从4月到8月，我们做了例行的调节工作，探测器工作性能符合设计要求。我们能够利用每秒1012个质子，小型电子对谱仪也工作正常，这使我们能用纯电子束来校正探测器。"

经过严格认真的反复核对，奇迹终于出现了。丁肇中回忆说："1974年初夏，我们在4Gev～5GeV的大质量区域里测定了一些数据。然而，对这些数据所做的分析表明，只存在极少的电子——正电子对。

"在8月底，我们调整了磁铁使它能接受2.5GeV～4GeV

【麻省理工开放课程】

　　生物医学开放课程之一：生物分子系统之统计热力学，宏观流行病学，环境中化学物质，毒物学与公共卫生，计量生理学，脏器传输系统，分子与细胞核组织生物力学，细胞基质力学等。

的有效质量。我们立即看到了干净的、真正的电子对。"

"最令人惊奇的是，大部分 e⁺e⁻对在3.1GeV处形成一个狭峰。更详细的分析表明，它的宽度小于5MeV。"经过多方核对后，丁肇中小组确认

【麻省理工开放课程】

生物医学开放课程之二：生物分子动能与细胞动力学，生医材料的分子结构，分子与细胞病理生理学，医疗器材和植体设计，生物医学信息技术，生医材料的分子原理。

他们发现了一个当时质量最大的新粒子。后来得知，里克特小组也发现了这一粒子。他们的实验各有特点。里克特小组是让e⁺e⁻对湮没以形成矢量介子，是一种形成实验，而丁肇中小组是利用质子束轰击铍靶，产生矢量介子，然后测量矢量介子的衰变产物，则是一种产生实验。里克特小组和丁肇中小组用不同的设备、经不同的反应过程几乎同时地发现了同一粒子，使物理学界大为惊喜。他们的发现把高能物理学带到了新的境界，因此，两年后里克特和丁肇中就分获诺贝尔物理学奖。

J/ψ粒子J/psi particle 由魅夸克和反魅夸克组成的一类介子。其质量为3.1 GeV/c2 2003年7月30日，中国科学院高能物理研究所在新闻通报会上宣布，北京谱仪国际合作组最近发现了一个新粒子。北京谱仪合作组是由高能物理研究所和国内17所大学和研究机构及美国、日本、韩国和英国的物理学家和研究生组成的。这个新粒子是该合作组通过分析5800万J/ψ粒子衰变的事例数据，在分析桨粒子辐射衰变到正反质子的过程中发现的。这项研究成果的论文已在世界最具权威和最有影响的期刊《物理学评论快报》(2003年7月)上发表。

这次发现新粒子的消息顿时引起了各方的广泛关注。人们都很想知道这是一种什么样的粒子？这一新发现有何物理意义？这是不是又是一个突破性的成就？要想回答这些问题，就需要了解一些粒子物理学的有关知识。

人们最初是按粒子的质量大小将它们分为三类，并给每类一个统称。质量大的叫作重子，例如质子和中子；质量小的叫作轻子，例如电子和几

乎无质量的中微子；大小介于两者之间的叫作介子，例如π介子。后来根据重子和介子都受强力支配的这一性质，把它们统称为强子。早期有些物理学家猜测介子由质子和反质子束缚态组成，但被后来夸克模型代替。1964年盖尔曼等人提出了关于强子结构的夸克模型。在夸克模型中，重子由三个夸克组成，而介子则由正反两个夸克组成。在初期提出的夸克模型中，只有u、d、s三种夸克。

1974年，J/ψ粒子被丁肇中教授和里克特教授各自独立发现后，三种夸克的理论无法解释这种长寿命的介子，因此引入第四种夸克，即粲夸克c，而J/ψ粒子是由一个粲夸克(c)和一个反粲夸克组成的。这以后又引入了第五种夸克底夸克b和第六种夸克顶夸克t。到1995年为止，理论上预言的6种夸克都被实验发现了。

寻找多夸克态

J/ψ粒子在正负电子对撞中产额很高，J/ψ粒子的衰变是研究强子谱和寻找新粒子的理想途径。北京谱仪获取的5800万J/ψ粒子事例比国际上其他同类实验数据约高一个量级，为物理分析创造了良好的基础。这个新粒子的寿命非常短，因此也被称为共振态。

所谓共振态，是一种不稳定的强子，它带有强子的诸如自旋、宇称、同

位旋等各种量子数。共振态粒子一般都是通过强力衰变，因而寿命很短，10^{-20}秒~10^{-24}秒。根据量子力学能量和时间的不确定原理，不稳定粒子没有确定的质量，其不确定程度称为宽度(9)，与粒子的寿命（τ）成反比(9=η/τ)。共振态粒子的宽度可以高达几百 M eV，因而说新发现的粒子宽度很窄。

　　尽管这个新发现的共振态的质量略小于质子与反质子的质量之和，正是由于共振态粒子的质量有一定的宽度，使得这个共振态仍有少量粒子的质量大于质子与反质子的质量之和，而衰变成质子与反质子。粒子物理实验研究在若干粒子的衰变中已观察到类似的现象。

　　这次新发现的消息刚刚传出，欧洲核子研究中心著名的理论物理学家埃利斯(J.Ellis)就在一篇论国际最新进展的文章中评价说："这一发现和世界上其他新的实验结果是令人惊异的，对发展强相互作用理论有着重要意义。"诺贝尔物理学奖获得者李政道教授也致信高能所表示祝贺，信中评价说："这是一个十分重要的成果，也是物理学上很有意义的工作。"

　　寻找多夸克态一直是国际高能物理实验的重要目标。在实验上早期发现的数百个介子共振态和重子共振态中，都没有多夸克态的确凿证据。最近，国际上有几个

【麻省理工开放课程】

生物学开放课程之二:生物计算,工程与科学之交会点,生化学,药物发展之原则与实践,分子生物学,认知和行为遗传学,遗传神经生物学,细胞与分子神经学,遗传神经生物学,发育神经生物学,发育生物学。

实验组在进行这方面的探索,取得了显著进展。而北京正负电子对撞机上的实验,新发现的粒子由于特有的性质,尤其是很窄的宽度而很难归结为通常的夸克—反夸克结合态,因而被推测为可能是一种多夸克态。有些物理学家认为,所发现的共振态粒子可能是重子反重子束缚态(多夸克态的一种)。

广泛和密切的国际合作是高能物理研究基本特点。北京正负电子对撞机从设计之日起,就一直得到国际高能物理界,特别是李政道教授的大力支持。

二十多年来,中国科学院和美国能源部每年都举行会谈,重点讨论双方在北京正负电子对撞机和北京谱仪的合作。国家自然科学基金委员会对北京谱仪的研究工作也一直给予大力支持。北京正负电子对撞机和北京谱仪在1999年初完成了升级改造后,整体综合性能大幅度提高,每天获取的数据量是改造前的3~4倍,数据的质量良好。北京谱仪国际合作组对这些数据进行了深入细致的分析和研究,此次发现新粒子是这批数据的重大物理成果之一。

北京正负电子对撞机和北京谱仪运行在20亿~50亿电子伏特的能量区域,尽管在世界上这个能量不是很高,但属于国际高能物理实验研究两大前沿之一的精确测量前沿,具有重大的物理意义,不断出现新的重大成果,成为国际高能物理研究的一个新热点,竞争十分激烈。国家有关部门已经批准对北京正负电子对撞机和北京谱仪进行重大改造,预期加速器提供的数据量将提高两个数量级,探测器的性能也将大幅度提高。这个重大改造完成后,北京正负电子对撞机将能继续保持在粲夸克物理和强子谱等研究领域的国际领先地位。

新的发现,也是新的挑战。高能所的科学家表示:目前我们的研究结果只是确定了这个新粒子的存在,要最终明确这个新粒子的基本性质和物理意义,还要北京谱仪合作组的中外科学家进一步做大量的深入细致的数据分析工作,更需要与国内外的理论物理学家密切配合,认真研究,也可能需要更大量的数据才能最终回答这些问题。

麻省理工小百科

　　2007 年 1 月,一位麻省理工生物系教授发现了一组最新的核糖核酸纲,这对未来基因的组合有伟大的突破。2007 年 4 月,麻省理工电机系的一研究队发明了不用电池就能使用的笔记本电脑。2007 年 5 月,麻省理工一组太空科学研究队发现了宇宙中最热的行星(2040℃)。2007 年 6 月,麻省理工学院宣布,他们已经运用电磁共振技术,无须使用电线,就能隔空传输电力,让一只 60 瓦的灯泡发光。这意味手机、笔记本电脑等小家电,未来可以无线充电,无须再使用电池或充电插座。

第四章　教学特色及科研成就

　　从任何方面来说，麻省理工学院都是世界上一所无与伦比的高等学府，其最突出的标志是造就了一批声名盖世的科学家。麻省理工学院虽然是一所著名的理工学院，但它并不忽视人文学科的教育。

第一课　文理相通的教学理念

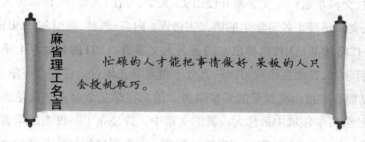

麻省理工名言

忙碌的人才能把事情做好，呆板的人只会投机取巧。

通识教育与专业教育相结合

麻省理工学院虽然是一所著名的理工学院，但它并不忽视人文学科的教育。罗杰斯院长在1865年建校之初，为学院规定的宗旨之一便是"提供一般的教育，使其在数学、物理、自然科学、英语和其他现代语言以及心理学和政治学的基础上，为学生在毕业后能适应任何领域的工作做好准备。"沃克院长加强了课程设置中的社会科学内容，康普顿院长通过建立人文学研究室又给了社会科学以新的重要地位。刘易斯报告否定了学院要像医科和法律学校那样仅为毕业班开设适应职业要求课程的传统看法，认为："技术的和社会的问题如此错综复杂地交织在一起，以致人

【麻省理工开放课程】

　　文学开放课程:西方文明的基础,重要诗人,在哥伦布之后,莎士比亚,美国文学,西方叙事法,喜剧,悲剧,流行叙事法,达尔文与设计,古典文学,重要英文小说,20世纪小说,20世纪戏剧,近代诗,当代文学,美国短篇小说精选等。

文学和社会科学必然成为人的职业所需要的部分。"

　　吉里安院长也指出"需要在科学与人文学之间创造更好的联系……从而能从现代社会的各种问题所形成的障碍中找出一条道路"。因此MIT于1948年成立了人文学与社会科学分院,后来又增设了政治学系、心理学系和哲学系,分院拥有一批人文学家和社会科学家。人文学系开设历史、文学、写作、人类学、音乐等人文课程,人文课是理工各科学生的第二主修课。内森·西林、西里尔·S.史密斯、威廉·C.格林都是MIT培养出来的著名人文学者。MIT拥有世界上第一流的语言学家,在语言研究方面一直处于世界领先地位。在社会科学方面,MIT也拥有一批出类拔萃的专家学者。国家科学基金会在一篇论述在21世纪社会科学领域中最伟大成就的文章中,曾公布了一批杰出学者的名单,其中有11人为MIT现任或离任的教师。它表明科技与社会科学之间的相互影响已为人们所承认。这种相互影响在MIT的教学和科研工作中,历来体现的很明显。

　　格雷院长曾预言:MIT对工程技术人员进行人文学科教育的做法,"很有可能对美国的教育产生深远的影响"。教育不仅仅是智力的发展,也是为生活做准备。因而学生受教育的整体环境是重要的。以培养工程技术人才为主的MIT,越来越重视文科教育,目的是为了学生毕业后能顺利地承担高级工作。在MIT,通识教育与专业教育相结合,为本科生提供了一种平衡的教育。MIT认为仅发展熟练的技术是不够的,高等教育应使个体有能力和有效地参与集体文化。因而一种整合的教育计划仍是MIT本科教育的原则。在MIT,"越少是越多"指导着本科生课程的设置,给予学生基础知识以帮助他们进行终身的自我教育,更好地学习和掌握有限的基本概念与专业主题比掌握一堆事实更有助于培养未来的专家。尽管内、外部的压力要求MIT拓宽课程,但MIT仍强调基本原理,不增加课程量。与此同时,MIT对整体课程也不断地进行评定和修改,而不是仅仅增加需要的零散饭。

　　MIT已经进入了第二个百年,其总体规划的最重要特点是:进行建制上的改革,即重点发展若干跨学科研究中心。在这项改革过程中,由斯特拉顿院长亲自指导下建立起来的电子研究实验室获得了成功,为建立某些跨系的实验室和研究中心提供了样板。这些跨系的实验室和中心是基于这样一个事实建立起来的:新发现的科学通常总是跨越了传统的学科界限而存在,它们为理科和工科以及基础理论研究与应用的结合创造了条件,并且对二者均有裨益。1966年霍华德·W.约翰逊任院长时说:"学院已经到了我们的社会乐于向它提出许多要求的阶段,即要求我们大量地解决有关教育、生活、地区开发、交通运输、商业和工业、医疗乃至国与国之间和平共处等全国民众共同关注的问题。"

麻省理工小百科

　　2007年最新报告指出麻省理工学院在对近代科学"革命"的贡献目前世界第一,是目前21世纪培养诺贝尔奖得主最多的大学(过去六年共16位得主);同一笔报告指出,哈佛大学对科学研究的贡献已在近年来衰弱了许多,而且哈佛传统的教学方法在21世纪已跟不上麻省理工的先端高科技教法。

第二课　麻省理工名人榜——"中国航天之父"钱学森

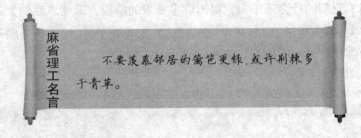

麻省理工名言

> 不要羡慕邻居的篱笆更绿，或许荆棘多于青草。

生平介绍

　　钱学森,男,汉族,浙江杭州人。中国共产党优秀党员、忠诚的共产主义战士、享誉海内外的杰出科学家和中国航天事业的奠基人,中国两弹一星功勋奖章获得者。曾任美国麻省理工学院和加州理工学院教授及中国人民政治协商会议第六届、七届、八届全国委员会副主席,中国科学技术协会名誉主席,全国政协副主席。1995年5月,经中共中央宣传部批准,原西安交通大学图书馆更名为钱学森图书馆,江泽民主席为之题写了馆名。2011年,上海交大也建成钱学森图书馆。同年12月8日,纪念钱学森诞辰100周年座谈会在人民大会堂举行。

　　钱学森是中国杰出的爱国科学家,是航空领域、空气动力学学科的第三代擎旗人,是工程控制论的创始人,是20世纪应用数学和应用力学领域的杰出人物。他为中国导弹制造与火箭发射做出了卓越的贡献。1923年9月进入北京师范大学附属中学学习,1929年9月考入交通大学机械工程系,1934年6月考取清华大学第二届公费留学生,1935年9月进入美国麻省理工学院航空系学习,1936年9月转入美国加州理工学院航空系,成为世界著名空气

【麻省理工开放课程】

工程系统研究开放课程之一:地磁学与应用,项目管理,环境中之化学物质,毒物学与公共卫生,能源系统和经济发展,太空政策研讨,科技、法律与工作环境,组织发展,管理核能技术,可持续能源,区域性社会经济影响分析及建模等。

动力学教授冯·卡门的学生,并很快成为冯·卡门最得意的弟子。先后获航空工程硕士学位和航空、数学博士学位。1938年7月至1955年8月,钱学森在美国从事空气动力学、固体力学和火箭、导弹等领域研究,并与导师共同完成高速空气动力学问题研究课题和建立"卡门–钱近似"公式,在28岁时就成为世界知名的空气动力学家,1958年任中国科学技术大学近代力学系主任。2009年10月31日8时6分,在北京逝世。享年98岁。

钱学森在20世纪40年代就已经成为和其恩师冯·卡门并驾齐驱的航空航天领域内最为杰出的代表人物之一,成为20世纪众多学科领域的科学群星中极少数的巨星之一;钱学森也是为新中国的成长做出无可估量贡献的老一辈科学家团体之中,影响最大、功勋最为卓著的杰出代表人物,是新中国爱国留学归国人员中最具代表性的国家建设者,是新中国历史上伟大的人民科学家。被誉为"中国航天之父""中国导弹之父""火箭之王""中国自动化控制之父"。中国国务院、中央军委授予"国家杰出贡献科学家"荣誉称号,获中共中央、国务院、中央军委颁发的"两弹一星"功勋奖章。

1950年,钱学森回国上港口时,被美国官员拦住,并关进监狱,而当时美国海军次长金布尔声称:"钱学森无论走到哪里,都抵得上5个师的兵力,我宁可把他击毙在美国,也不能让他离开。"钱学森由此受到美国政府迫害,失去自由。

1955年10月，经过周恩来总理在与美国外交谈判上的不断努力——甚至不惜释放11名在朝鲜战争中俘获的美军高级将领作为交换，钱学森终于冲破重重阻力回到了祖国，自1958年4月起，他长期担任火箭导弹和航天器研制的技术领导职务，为中国火箭和导弹技术的发展提出了极为重要的实施方案——为中国火箭、导弹和航天事业的发展做出了不可磨灭的巨大贡献。

1956年初，他向中共中央、国务院提出《建立我国国防航空工业的意见书》；同年，国务院、中央军委根据他的建议，成立了导弹、航空科学研究的领导机构——航空工业委员会，并任命他为委员。1956年参加中国第一次五年科学规划的确定，钱学森与钱伟长、钱三强一起，被周恩来称为中国科技界的"三钱"，钱学森受命组建中国第一个火箭、导弹研究所——国防部第五研究院并担任首任院长。他主持完成了"喷气和火箭技术的建立"规划，参与了近程导弹、中近程导弹和中国第一颗人造地球卫星的研制，直接领导了用中近程导弹运载原子弹"两弹结合"试验，参与实施了中国近程导弹运载原子弹"两弹结合"试验，参与制订了中国第一个星际航空的发展规划，发展建立了工程控制论和系统学等。

在控制科学领域，1954年，钱学森发表《工程控制论》，引起了控制领域的轰动，并形成了控制科学在20世纪50年代和60年代的研究高潮。1957年，《工程控制论》获得中国科学院自然科学奖一等奖。同年9月，国际自动控制联合会（IFAC）成立大会推举钱学森为第一届IFAC理事会常务理事，他成了

【麻省理工开放课程】

工程系统研究开放课程之二：运输系统，交通政策与策略与管理，交通流量系统，航线班次规划，智能运输系统导论，交通政策与环境限制，飞行器系统工程，高等软件工程，整合电子系统与全球信息系统等。

麻省理工学院
MA SHENG LI GONG XUE YUAN

该组织第一届理事会中唯一的中国人。

1991年10月，国务院、中央军委授予钱学森"国家杰出贡献科学家"荣誉称号和一级英雄模范奖章。在应用力学领域，钱学森在空气动力学及固体力学方面做了开拓性研究，揭示了可压缩边界层的一些温度变化情况，并最早

在跨声速流动问题中引入上下临界马赫数的概念。1953年，钱学森正式提出物理力学概念，主张从物质的微观规律确定其宏观力学特性，开拓了高温高压的新领域。

在系统工程和系统科学领域，钱学森在20世纪80年代初期提出国民经济建设总体设计部的概念，坚持致力于将航天系统工程概念推广应用到整个国家和国民经济建设，并从社会形态和开放复杂巨系统的高度，论述了社会系统。他发展了系统学和开放的复杂巨系统的方法论。在喷气推进与航天技术领域，钱学森在40年代提出并实现了火箭助推起飞装置，使飞机跑道距离缩短；1949年，他提出火箭旅客飞机概念和关于核火箭的设想；1962年，他提出了用一架装有喷气发动机的大飞机作为第一级运载工具，用一架装有火箭发动机的飞机作为第二级运载工具的天地往返运输系统概念。

在思维科学领域，钱学森在20世纪80年代初提出创建思维科学技术部门，认为思维科学是处理意识与大脑、精神与物质、主观与客观的科学，推动思维科学研究是计算机技术革命的需要。他主张发展思维科学要同人工智能、智能计算机的工作结合起来，并将系统科学方法应用到思维科学的研究中，提出思维的系统观；此外，在人体科学、科学技术体系等方面，钱学森也做出了重要贡献。是人体生命科学的开创者和奠基人之一。

钱学森于1959年加入中国共产党，先后担任了中国科学技术大学近

代力学系主任，中国科学院力学研究所所长、第七机械工业部副部长、国防科工委副主任、中国科学院数理化学部委员、中国宇航学会名誉理事长、中国人民解放军原总装备部科技委高级顾问等重要职务；他还兼任中国自动化学会第一届、第二届理事长。在钱学森心里"国为重，家为轻，科学最重，名利最轻。五年归国路，十年两弹成。"钱老是知识的宝藏，是科学的旗帜，是中华民族知识分子的典范，是伟大的人民科学家。

婚姻生活

近代兵学泰斗、著名军事家蒋百里与著名科学家钱学森是翁婿。蒋百里的三女儿蒋英嫁给钱学森，可谓郎才女貌，天生一对。1991年，中共中央在为钱学森举行的颁奖仪式接近尾声时，钱老忽然话题一转，谈到了他的夫人蒋英："我们结婚44年的生活是很幸福的。在1950年到1955年美国政府对我迫害期间，她管家，为此付出了巨大牺牲；蒋英是女高音歌唱家，她与我的专业相差很远，但，正是由于她为我介绍了音乐艺术，使我丰富了对世界的深刻认识，学会了广阔的思维方法……"钱老对夫人一往情深的这一番话，得到在场人的热烈掌声。钱学森与蒋英从小就认识。蒋英的父亲蒋百里与钱学森的父亲钱均夫是同窗好友。1935年，钱学森赴美留学，蒋英也跟随父亲远赴欧洲，在德国柏林上学，两人虽然相隔万里，但相互的书信传情，更加深了两人的情感。

第二次世界大战结束后，蒋英到了美国，但二人都把事业看得比爱情更重要，当时，钱学森已经三十多岁，蒋英也有二十四五岁，为了各自的事业，他们再次推迟了婚期，直到1947年，他们才在上海举行婚礼。钱学森在美国受迫害的那些岁月中，家境状况很糟糕，作为大家闺秀的蒋英，毅然辞退了女佣，一个人包揽了所有的家务，从而也放下了她热爱的歌唱事业。正是这段时间，钱学森完成了他的著作《工程控制论》，这是他们的爱情结晶。

20世纪50年代中期，蒋英在中央实验歌剧院担任艺术指导。"为了满足广大工农兵的要求，我和演员们一起到大西北偏僻落后的地方巡回演出，并努力学唱中国民歌、昆曲、京韵大鼓，甚至京戏。"她穿上民族服装，扮作村姑，登台演唱，颇受群众欢迎。每当登台演唱时，蒋英总喜欢请钱学森去听，请他欣赏，请他评论。有时钱学森工作忙，不能去听，蒋英就录下音来，带回家，待他休息再放给他听。

后来，为了照顾钱学森的工作与生活，领导安排蒋英先后在中央音乐学院声乐系、歌剧系担任领导并任教。蒋英只好放弃自己最喜爱的舞台生涯，用自己的全部心血培养学生。如今，蒋英教授已是造诣精深的音乐艺术家，是中国当代讲授欧洲古典艺术歌曲的权威。到了晚年，夫妇两人依然生活得富有情趣，非常充实。

钱学森爱好音乐，尤其是在蒋英的艺术熏陶下，他对音乐艺术有了更深沉的感悟。共同的志趣，使两人的感情生活更加和谐温馨、多姿多彩，也使他们的事业相得益彰。他们曾合作《对发展音乐事业的一些意见》一文，对中国音乐事业发展提出意见。

【麻省理工开放课程】

外国文学开放课程之二：亚裔美国人研究导论，传统中国文学，亚洲之文化表现，拉丁美洲研究导论，全球经济之运作，中文，打破铁饭碗，东亚的中国，高至中级的学术沟通等。

人生小传

书香熏陶小"神童"

1911年12月11日，钱学森出生在浙江省杭州市的一个书香之家。父亲钱均夫是著名的教育家，他博学多才，恭谦自守，为钱学森营造了一个宁静求实的家庭氛围。母亲章兰娟性格开朗、热情，心地善良，计算能力和记忆力超乎寻常，具有很高的数学天赋。钱学森在数学上表现出惊人的天赋，大半来自母亲的遗传。

幼年的钱学森天资聪颖，悟性极高，记忆力也很强。在他3岁时，已经能熟练地背诵一百多首唐诗、宋词，以及早期一些启蒙读物，同时还能心算加、减、乘、除。在周围邻里的眼里，钱学森是个货真价实的神童。有了良好的文化功底，钱学森在5岁的时候便能读懂《水浒传》。一天，他对父亲说："《水浒传》里的英雄都是天上下凡的星星，那么是不是做大事的人都是天上星星下凡啊？"父亲想了想说："那些英雄和大人物都是普通的人，你也可以做英雄，但是英雄要有远大的志向，要有决心和毅力。你现在只有好好学习，将来才能做英雄。"

6岁那年，父亲将钱学森送到了北师大附小。那个时候，男孩子都喜欢玩一种用废纸折的飞镖。每次比试，钱学森的飞镖总是扔得最远，投得最准。同学们不服气，捡起他折的飞镖仔细观察，原来钱学森折叠的飞镖有棱有角，飞起来空气阻力很小，再加上投扔时，钱学森又会巧妙地利用风向风力，难怪每回都投得远投得准。钱学森的聪明才智，不仅让同学们佩服，就连老师也惊叹不已。

每年的春秋季节，父亲都会带钱学森去风景优美的郊区游玩，培养他对大自

【麻省理工开放课程】

卫生科学与信息技术开放课程：人类病理学原理与实务，人类生殖生物学，胃肠医学，神经科学导论，药理学原理，细胞与分子免疫学，细胞基质力学，医疗器材和植体设计，药物发展之原则与实践，组织与细胞，建模与仿真导论，语音和听觉的声学，耳朵的生理学，音乐感知与认知，健康护照系统中信息技术之未来。

然的感情。有一年，钱学森因病休学在家，父母经常带他去西湖游玩。其间，父亲专门为钱学森聘请了当地的一位画家，教他学习中国画。在短短的几天之内，钱学森就熟练掌握了中国画的基本技巧，作画水平得到了很大的提高。他兴奋地说："在运笔作画的时候，那些景物都融会在我的心里。"

北京师范大学附属小学毕业之后，钱学森升入北京师范附属中学。钱学森晚年时回忆："当时在旧中国办学真不是一件容易事，当时的校长，是林砺儒先生，他把师大附中办成了第一流的学校。我至今仍十分怀念我的母校，北京师范大学附中。我在那里受到的良好教育，是我终生难忘的。"

1929年夏，18岁的钱学森考入了上海交通大学，主攻机械工程。他严格要求自己，以顽强的毅力争取学好每门课，每门成绩都达到95分以上。他能把《分析化学》一字不漏地背诵下来。在回忆交大时，钱学森激动地说过："交大教学严格，感谢母校让我学到了许多终身受用不尽的知识。"

饱尝海外生活的心酸

1934年，钱学森从上海交大毕业后，决定到欧美国家去深造。他觉得中国之所以落后，主要是因为经济技术很不发达，相比之下，日本之所以迅速崛起，完全得益于科技的进步。经过考试，钱学森取得了清华大学公费留美的资格。当时他的目标是美国，因为他想学美国的飞机制造，这是中国没有的工业技术。

1935年夏天，钱学森告别家人，登上了驶往美国的轮船。到达美国后，钱学森进入麻省理工学院攻读航空系的硕士学位。钱学森刻苦用功，只用了一年的时间便拿到了硕士学位。但在实习中，钱学森却被美国飞机工厂拒之门外，钱学森的民族自尊心受到了强烈的伤害。1936年秋天，钱学森毅然离开了麻省理工学院，转而进入加州理工学院学习航空动力学。

【麻省理工开放课程】

　　历史研究开放课程:近代美国的诞生史,美国历史中的暴乱罢工与阴谋,美国经典,内战及重建,大战与萧条时的美国,核子年代的美国,亚裔美国人的种族与性别议题,美国消费文化,战争与美国社会等。

　　在转换专业的问题上,钱学森和父亲曾经因为意见不合而闹得很激烈。钱学森打算下一步攻读航天理论,但是他的父亲坚持让他研究飞机制造技术。后来在他岳父蒋百里的帮助下,才说服了父亲。钱学森如释重负,对蒋百里感激不尽。

　　整整三年,钱学森埋头研读,每天坚持12小时以上,将买来或借来的全部力学书籍读了个遍,还研究了大量的现代数学、偏微分方程等。此后,仅仅用了一年的时间,钱学森在航空结构理论研究中就取得了骄人的成就。在世界著名力学大师冯·卡门教授的带领和教导之下,1939年6月,钱学森完成了《高速气动力学问题的研究》等4篇博士论文,取得了航空和数学博士学位。

　　取得博士学位之后,钱学森在导师冯·卡门的推荐下,被加州理工学院聘为助理研究员。在次年的美国航空学会年会上,钱学森宣读了一篇关于薄壳体稳定性研究论文,引起了界内巨大的轰动。钱学森自此一跃进入国际知名学者的行列。

　　从1936年起,钱学森对火箭技术产生了浓厚的兴趣,于是便和马林纳成立了火箭研究小组,进行火箭发动机试验。尽管实验非常危险,但是他

们谁也没有退却,后来终于完成了火箭发动机喷管扩散角对推力影响的计算。次年,他们建立了第一座火箭试验台,并得到美国空军的支持。军方委托加州理工学院举办训练班,钱学森被聘为教员。

　　1943年,钱学森接受了美国军方的委托,负责火箭发动

机推动导弹课题研究。11月,钱学森提交的设计方案得到美国军方的高度重视。由于战时的需要,钱学森还负责了远程导弹的理论研究。

1945年,在冯·卡门的率领下,钱学森参加了德国火箭技术的考察。回美国以后,钱学森向空军领导人做了

> **【麻省理工开放课程】**
>
> 　　哲学开放课程:哲学问题,正义,心灵与机器,古代哲学,电影的哲学,玄学,逻辑学,西方世界的爱的哲学,创造力的本质,作为视觉与文献迷思编造的影片,进阶语意学,语意学专题。

详细的考察报告。此后钱学森被加州理工学院提升为副教授,并兼任航空喷气公司的技术顾问、美国海军火炮研究所顾问。1947年,经冯·卡门的推荐,钱学森被麻省理工学院聘为终身教授。

为回国饱受屈辱

1950年,朝鲜战争爆发之后,美国麦卡锡主义泛滥,钱学森和其他中国人一样受到了联邦调查局的监视和查问。他们强迫钱学森诬陷实验室里的一位研究员,遭到钱学森的严词拒绝。随即钱学森参加机密研究的证书被吊销,而且失去了继续进行喷气技术研究的资格。钱学森以此为借口,向美国当局提出了回国申请。

美国当局深知钱学森的价值,百般阻挠。美国一位将军甚至咆哮道:"钱学森无论在哪里,都抵得上5个师,我宁可把这家伙枪毙了,也不让他回到中国!"随后,美国移民局抄了钱学森的家,在特米那岛上将他拘留长达半个月之久。钱学森曾回忆说:"在被拘禁的15天内,体重减轻了30磅。晚上调查人员每隔1小时就来喊醒我一次,完全得不到休息,精神上陷入极度紧张的状态。"。

后来,加州理工学院交付了15000美元的巨额保释金后,钱学森才得到了自由。之后,海关又强行没收了钱学森的行李,包括800公斤书籍和笔记本。

1955年,钱学森摆脱了联邦调查局的秘密监视,在一封写给比利时亲戚的家书中,夹带了给全国人大常委会副委员长陈叔通的信。信中,钱学森请求中国政府帮助他回国。很快,这封信传到了周恩来的手里,

【麻省理工开放课程】

　　文学与语言学开放课程:西方文明的基础,美国文学,西方叙事法,流行叙事法,古典文学,重要英文小说,20世纪小说,20世纪戏剧,近代诗,美国短篇小说精选等。

　　在同年8月举行的大使级会谈上,中美两国就侨民问题进行了具体谈判。最终,中方以释放11名美国飞行员战俘为条件换回了钱学森的自由。

　　1955年10月8号,钱学森带着妻子和孩子回到祖国,受到了党和政府的高度重视。很快,钱学森上书周恩来,提出了发展中国导弹的规划和设想。1956年10月,我国第一个导弹研究院成立,钱学森任研究院院长。1960年,在钱学森的不断努力之下,我国第一枚国产近程导弹发射成功。1964年6月,我国第一颗中近程导弹飞行试验获得成功。1966年,中近程导弹运载原子弹的"两弹结合"飞行试验获得成功。

　　1965年1月,钱学森向国家提出报告,建议早日制订我国人造卫星的研究计划。1970年,我国第一颗人造卫星发射成功。

学科贡献

　　钱学森在应用力学的空气动力学方面和固体力学方面都做过开拓性的工作;与冯·卡门合作进行的可压缩边界层的研究,揭示了这一领域的一些温度变化情况,创立了"卡门–钱近似"方程。与郭永怀合作最早在跨声速流动问题中引入上下临界马赫数的概念。

　　从40年代到60年代初期,钱学森在火箭与航天领域提出了若干重要的概念:在40年代提出并实现了火箭助推起飞装置(JATO),使飞机跑道距离缩短;在1949年提出了火箭旅客飞机概念和关于核火箭的设想;在1953年研究了跨星际飞行理论的可能性;在1962年出版的《星际航行概论》中,提出了用一架装有喷气发动机的大飞机作为第一级运载工具,用一架装有火箭发动机的飞机作为第二级运载工具的天地往返运输系统概念。

工程控制论

工程控制论在其形成过程中，把设计稳定与制导系统这类工程技术实践作为主要研究对象。钱学森本人就是这类研究工作的先驱者。

钱学森在1946年将稀薄气体的物理、化学和力学特性结合起来的研究，是先驱性的工作。1953年，他正式提出物理力学概念，主张从物质的微观规律确定其宏观力学特性，改变过去只靠实验测定力学性质的方法，大大节约了人力物力，并开拓了高温高压的新领域。1961年他编著的《物理力学讲义》正式出版。现在这门科学的带头人是苟清泉教授，1984年钱学森向苟清泉建议，把物理力学扩展到原子分子设计的工程技术上。

系统工程

钱学森不仅将中国航天系统工程的实践提炼成航天系统工程理论，并且在20世纪80年代初期提出国民经济建设总体设计部的概念，还坚持致力于将航天系统工程概念推广应用到整个国家和国民经济建设，并从社会形态和开放复杂巨系统的高度，论述了社会系统。钱学森从而提出把社会系统划分为社会经济系统、社会政治系统和社会意识系统三个组成部分。相应于三种社会形态应有三种文明建设，即物质文明建设（经济形态）、政治文明建设（政治形态）和精神文明建设（意识形态）。社会主义文明建设应是这三种文明建设的协调发展。从实践角度来看，保证这三种文明建设协调发展的就是社会系统工程。从改革和开放的现实来看，不仅需要经济系统工程，更需要社会系统工程。

钱学森对系统科学最重要的贡献，是他发展了系统学和开放的复杂巨系统的方法论。

思维科学

人工智能已成为国际上的一大热

【麻省理工开放课程】

材料工程学开放课程之一：材料热力学，材料实验，建模与仿真导论，高分子工程，固态化学导论，人类材料史，发明与专利权，物理冶金，材料力学，纳米处理科技，均势材料等。

门，但学术思想却处于混乱状态。在这样的背景下，钱学森站在科技发展的前沿，提出创建思维科学这一科学技术部门，把30年代中国哲学界曾议论过，有所争论，但在当时条件下没法讲清楚的主张，科学地概括成为思维科学。比较突出的贡献为：(1)钱学森在20世纪80年代初提出创建思维科学技术部门，认为思维科学是处理意识与大脑、精神与物质、主观与客观的科学，是现代科学技术的一个大部门。推动思维科学研究的是计算机技术革命的需要。(2)钱学森主张发展思维科学要同人工智能、智能计算机的工作结合起来。他以自己亲身参与应用力学发展的深刻体会，指明研究人工智能、智能计算机应以应用力学为借鉴，走理论联系实际，实际要理论指导的道路。人工智能的理论基础就是思维科学中的基础科学思维学。研究思维学的途径是从哲学的成果中去寻找，思维学实际上是从哲学中演化出来的。他还认为形象思维学的建立是当前思维科学研究的突破口，也是人工智能、智能计算机的核心问题。(3)钱学森把系统科学方法应用到思维科学的研究中，提出思维的系统观，即首先以逻辑单元思维过程为微观基础，逐步构筑单一思维类型的一阶思维系统，也就是构筑抽象思维、形象(直感)思维、社会思维以及特异思维(灵感思维)等；其次是解决二阶思维开放大系统的课题；最后是决策咨询高阶思维开放巨系统。

钱学森认为，马克思主义哲学是人类对客观世界认识的最高概括，也是现代科学技术(包括科学的社会科学)的最高概括，钱学森将当代科学技术发展状况，归纳为十个紧密相连的科学技术部门。这十大科学技术部门的划分方法，正是钱学森运用马克思主义哲学，特别是系统论对科学分类

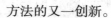

方法的又一创新。

科学思想

掌握现代科学技术体系,培养理工文艺结合的"全才"。钱老提出的"现代科学技术体系"包括所有通过人类实践认知的学问。按照目前知识体系的认识,可以暂分为十一大部门,即:自然科学、社会科学、数学科学、系统科学、思维科学、人体科学、军事科学、行为科学、地理科学、建筑科学以及文艺理论等。"这是个活的体系,是在全人类不断认识并改造客观世界的活动中发展变化的体系"。在纵向结构上,人类知识体系又可以区分为:基础科学、技术科学、应用技术三个层次(文艺理论的层次的划分略有不同)。三个层次之间是相互关联的。科学技术三个层次之间的关系与影响是双向的、统一的。又是相互渗透、相互促进的,在理论研究和工程实践中谁也离不开谁。而"哲学作为科学技术的最高概括,它是扎根于科学技术中的,是以人的社会实践为基础的;哲学不能反对、也不能否定科学技术的发展,只有因科学技术的发展而发展。"科学技术与哲学的统一结合,品德情感与智慧能力并重,培养高尚品德和科学精神。

钱老一贯坚持把基础理论、技术科学、应用技术统一起来的考虑专业教学的内容。他提出要充分利用计算机、信息网络,人—机结合优势互补的长处。而大成智慧人才培养的关键,还在于学生的品德与精神。因此要靠伟大的科学精神和崇高品德的教育与熏陶,要靠自觉地追求真理的兴趣与激情,要靠人在与计算机优势互补中对知识的有效集成与积累,要靠在社会实践中长期的锻炼,才可能培养出真正高端的智慧人才。钱老高度重视了哲学的意义:"一个科学家,他首先必须有一个科学的人生观、宇宙观,必须掌握一个研究科学的科学方法。

【麻省理工开放课程】

材料工程学开放课程之二:材料工程中的输送现象,材料的机械性质,材质破断与疲劳,材料的原子计算机模型,集成微电子电路原件,感光材质与装置,磁性材料,制造研讨会,生物材质与组织间的反应,新鲜人研讨会等。

这样，他才能在任何时候都不致迷失道路；这样，他在科学研究上的一切辛勤劳动，才不会白费，才能真正对人类、对自己的祖国做出有益的贡献。"

有一年，近代力学系的学生毕业考试，钱学森出了一题"从地球上发射一枚火箭，绕过太阳，再返回到地球上来，请列出方程求出解"。时至中午无人答出，"还晕倒了几个学生"，他说："先吃饭吧，回头接着考。"饭后学生们重返考场，时至傍晚，全班只有几个学生及格。一场考试表明学生数学基础不牢，钱老当时决定，全班推迟毕业，再学半年，主攻数学，打好数学基础。如今这个班里的很多学生成了院士，忆及当年，都觉得那半年获益匪浅。

赴美留学

1935年8月的一天，钱学森从上海乘坐美国邮船公司的船只离开祖国。黄浦江浊浪翻滚，望着渐渐模糊的上海城，钱学森在心中默默地说："再见了，祖国。你现在豺狼当道，混乱不堪，我要到美国去学习技术，早日归来为你的复兴效劳。"钱学森到美国进入麻省理工学院航空系，学习成绩一直名列前茅。学工程要到工厂去实践，可当时美国航空工厂歧视中国人，所以一年后他开始转向航空工程理论，即应用力学的学习。1936年10月他转学到加州理工学院。

钱学森是慕名而来的。因为，坐落在洛杉矶市郊帕萨迪纳的加州理工学院航空系，有一位大名鼎鼎的空气动力学教授冯·卡门。可后来的事，钱老自己可能都没想到，自己能成为冯·卡门教授的学生，并且成为其中的佼佼者，提升至了他的最得力助手。20世纪30年代初，航空科学还处于襁褓之中。冯·卡门当时是这一领域的顶尖人物，后来被誉为"超音速飞行之父"。

> **【麻省理工开放课程】**
>
> 数学开放课程：单变量微积分，微积分及理论，微分方程，微分方程荣誉课程，概率与统计学导论，线性代数，计算机科学数学，工程师的高等微积分，工程师数学方法，分析，傅立叶分析，一些复合变数议题，几何与量子场理论，代数组合等。

1970年,月亮上的某一陨石坑被冠以他的名字。冯·卡门抬头仔细打量着这位仪表庄重、个子不高的年轻人,他提出几个问题让钱学森回答,钱学森稍加思索便异常准确地回答了他的所有提问。冯·卡门暗自赞许:这个中国人的思维敏捷而又富于智慧。他高兴地收下了这位学生。1945年初,钱学森成为以冯·卡门为团长的空军科学咨询团的成员。1947年初,36岁的钱学森成为麻省理工学院的正教授。在受监控期间,除教学外他仍未放弃学术研究,1953年发表了《从地球卫星轨道上起飞》,为低推力飞行力学奠定了基础,并于1954年出版了《工程控制论》一书。1955年回国前他向冯·卡门告别时,冯·卡门激动地说:"你现在在学术上已超过了我!"

麻省理工小百科

　　2006年的11月,麻省理工学院与剑桥大学合作的研究团队,揭示一项名为"静音喷射机倡议"的计划,将彻底改造客机的概念设计:未来的客机将不只能更省油,而且还安静无声,一解机场附近居民饱受飞机起降噪声折磨之苦。这一"静音喷射机"可以运送215名乘客,并可能在2030年时加入航空界。这架客机的噪声从机场外听起来,大约像洗衣机或其他家电的噪声。

第三课　实用知识的教育价值观

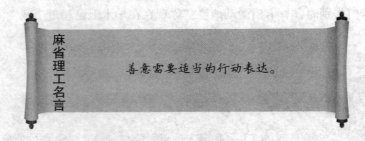

麻省理工名言

善意需要适当的行动表达。

一所大学的建立固然有其偶然性的方面,但它的成功却非偶然。MIT的成功源于其教师的创新意识、领导者高瞻远瞩的办学理念以及卓越的领导和管理才能。

罗杰斯认为在工业社会,学生将从趋向于有用目标的动力中获益。今天,这种教育价值观在世界范围内被广泛接受。MIT开设的课程"适于培养机械师、土木工程师、建筑师、矿冶工程师和实用化学师"。学院还聘请了一些有创新意识的教授,如埃利奥特、爱德华·C.皮克林,他们带来了新的教学方法和模式。正是学院的办学宗旨和这些革新者使MIT成为埋葬僵死学术的一座"坟墓",也成为新思想、新方法和新活力的源泉。这从学生的评价中也可见端倪:这里的教学方法对我们学生来说都是新颖的;我们告别了旧的、囫囵吞枣式的学习方法;我们感到老师是通过让我们与大自然的直接接触去认识它, 而数学、语言和历史则是达到这一目的的手段。社会所要求的知识越来越多,MIT的教育重点也时刻在变,但"有用"始终是MIT的核心。也正是这一价值观使MIT把重心放在有利于促进科技发展的领域。

为社会的利益而发现和应用知识是MIT的中心使命。1873年以前，机械工程一直是MIT的第一专业，之后与土木工程易位。这是因为当时美国有成千上万英里的铁路需要铺设，还要开凿隧道、修筑桥梁、兴建公共设

【麻省理工开放课程】

材料科学与工程开放课程之一：材料热力学，材料实验，建模与仿真导论，高分子工程，固态化学导论，人类材料史，发明与专利权，物理冶金，材料力学，纳米处理科技，均势材料等。

施，这都需要大批训练有素的工程技术人员。此外，在一战期间，MIT还广泛增设专业，开展与战争有关的科学研究。MIT为报效祖国办起了培训陆军和海军飞行员、航空工程、无线电工程师以及其他人员的专业，广泛开展与战争有关的科研工作。一战后，为寻求资金支持，学校成立了工作合作与科学研究室。根据该室与工业界签订的合同规定，由学院派人帮助工业部门解决科研难题。对此，有些教授大为不满，认为重视实际问题会干扰理论研究，但这种做法还是坚持下来了。而且这个研究室逐渐发展成工业联络规划室和协作办公室，加强了与工业界的联系和相互促进。

1940—1946年，MIT建立了微波雷达研究机构，1951年又建立了林肯实验室。这与1940年前经济萧条时期美国工业发展趋势也是大有关系的。在冷战日益加剧之时，美国国务院就苏联干扰"美国之音"一事委托MIT在1950年年内完成一项"特洛伊"研究规划，这项研究促使MIT于1951年组建了国际研究中心，并于1965年成立了政治学

系，这个系的不少研究工作与国家的重大决策有关。1972年，为寻求解决震撼世界的能源危机新途径，能源实验室在MIT应运而生，有65位教授和许多研究生参与了这项工作。

高等教育的目的是培养高素质的学生，造就一批有批判性的、对做任何事都追求优秀的知识分子，这也是MIT的使命和所追求的目标。正规学习与非正规教育的结合有力地促进了MIT对这一使命的完成，为MIT赢得了声誉。21世纪高素质的学生要具备三个基本特性：判断力、知识和智慧。具备和发展良好的批判能力和理性推理能力，不但可以深入了解各种科学方法，而且能获得、评价和使用信息，从而提出和解决生活中存在的各种各样的复杂问题。发展良好的判断力，可以形成适应巨大变革的灵活性和自信心，批判性地思考道德和伦理问题，有效地与他人交流，更好地与他人共事。

在某一领域不但要有广博的基础知识，而且还必须具有一定的理论深度和实践经验，才能把这种知识同社会的重大问题相互联系起来，对科技与社会间的互动有充分认识。所有这些也反映了MIT以实用知识为基础的教育价值观。与技术定向和知识定向的教育相区别，有结构的教育和无结构或非正规的教育的结合使MIT培养出了成千上万的素质全面的学生，为MIT赢得了广泛而良好的声誉。研究、学术和集体生活一体化、学生相互间的合作以及同教师的互动成为MIT的一个显著特征。

麻省理工小百科

　　麻省理工学院占地 168 英亩，校园位于查尔斯河（CharlesRiver）靠剑桥市一侧，蔓延约 1 英里。中央校区由一组互相连通的大楼组成。设计者为建筑家维尔斯·波斯维斯（WellesBosworth）。互相连通的设计是为了方便人们往来于各个院系之间。

第四课　科研发展成就及未来战略

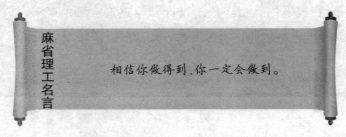

麻省理工名言

相信你做得到，你一定会做到。

　　近一个世纪来的发展，麻省理工学院已经发展成全世界极为重要的高科技知识殿堂及研发基地。因为二战和冷战，美国政府在自然及工程科学上大量投资，使得MIT在这段时间内迅速发展；过去50多年麻省理工也为美国政府制造许多威力极大的高科技武器。20世纪MIT最主要的成就是由杰·弗里斯特领导的旋风工程，其制造出了世界上第一台能够实时处理资料的"旋风电脑"，并发明了磁芯存储器。这为个人电脑的发展做出了历史性的贡献。而在1980年代，麻省理工大力帮助美国政府研发B-2幽灵隐形战略轰炸机，显示出先进的"精确饱和攻击"能力。麻省理工就此赢得"战争学府"之美誉。

　　2006年，麻省理工学院研究人员以病毒建造电池，2006年度美国高等学府捐赠基金回报排名榜，此次麻省理工学院脱颖而出，以23%的回报率

【麻省理工开放课程】

　　材料科学与工程开放课程之二：材料工程中的输送现象，材料的机械性质，材质破断与疲劳，材料的原子计算机模型，集成微电子电路原件，感光材质与装置，磁性材料，制造研讨会，生物材质与组织间的反应，新鲜人研讨会等。

力压排名第二的耶鲁大学,名列全美能力最高的大学捐赠基金。另外,麻省理工也研发出了世界上第一个有人类感情的机器人Kismet。一个2007年最新的报告指出麻省理工学院在对近代科学"革命"的贡献目前领先世界第一,是目前21世纪培养诺贝尔奖得主最多的大学(过去六年共16位得主);同一份报告指出,哈佛大学对科学研究的贡献已在近年来衰弱了许多,而且哈佛传统的教学方法在21世纪已跟不上麻省理工的先端高科技教法。

2009年,麻省理工学院教授DanielaRus、研究员刘欢等人研制出一种机器人,能为小西红柿浇水、采摘和播种;研究人员表示,这种机器人技术将得到进一步完善,有朝一日成为居民家中的机器人园丁。

2009年10月23日为配合提升美国经济及应对金融危机的国策——新能源革命,美国总统奥巴马在拿到诺贝尔和平奖后便亲临麻省理工考察并做了动员演讲,再次凸显麻省理工在美国及世界上引领新技术浪潮的领导地位。

还在19世纪的90年代,MIT的教师就首先研究并奠定了粮食热辐射存贮的现代科学基础。

1900年，美国的第一个物理化学实验室首先在MIT建立。

科学研究

1923年，诺伯特·维纳，在他的"微分空间"的论文中，建立了现代随机过程的教学基础，这是在控制理论、滤波器、预测预报理论等方面已被广泛应用的理论。后来，他将这些成果和自己后来研究的信息与通讯过程等一并辑成一本里程碑式的著作《控制论》。

1925年，凡立瓦·布什即已开始研究模拟计算机，1940年，就领先研制出了18阶的微分解析器，并在多篇论文中，指出了研究数学技术的主要方案，这一方案，虽然因第二次世界大战而中断，但仍旧可以确认布什是最早研究计算机的先驱者之一。

1934年，哈罗德·伊格尔顿和肯尼斯·格尔少森设计了一种电子线路并发明了特殊的气体放电管，使得高速摄影和闪频观察器的设计成为可能；在后来的一些年代里，依格尔顿真的开发出电子闪光设备和深水摄影的技术。

1934年，MIT研制出了百万伏的电子静电X射线发生器，这是一种可以广泛用于癌肿治疗的设备。还在30年代，莫里斯·柯亨就着手研究金属的原子和分子结构，这是一桩能导致研究和生产高强材料的工作。1937年，琼·切普曼开始了领先25年的钢铁生产的研究，直到1962年的时候，人们才弄清楚钢铁生产中复杂的化学反应，其结果是，现在钢的生产可以因此掌握精确的化学组合而大量进行。

1946年，MIT就开始进行了低温物理学的广泛实验研究。

【麻省理工排名】

麻省理工学院在2006年washington monthly期刊里对美国最有服务贡献的大学排第一。载至2011年，MIT已连续19年连续在美国大学理工学院排名中夺冠。

1947年，柏翠克·赫莱领先开始了确定地壳年龄和起源的研究，他的研究，由于与地球板块理论有密切的关系而被广泛承认。1950年，杰·弗里斯特发明了磁芯存储器，使得高速的数值计算机旋风计算机得以真正运转，并成为美国半自动地面防空警备系统的关键设备。

1951年，余·温·李和杰罗姆·维斯勒，在信号检测和分析方面，开发和应用了自相关方法，这项成果可以用于探测雷达信号自月球返回地面的种种科学试验，并且仍是目前进行远距离通讯，包括进行空间探索的主要方法。同年，马丁·斗茨发现了电子偶素，一种由边界电子和正电子组成的原子系统，这一发现在凝聚态物理学、生物学和医学方面都有十分重要的应用。

1957年，经过九年的研究，琼·锡汗首次完成了盘尼西林的化学合成。同年，随着《句法结构学》一书的出版，罗姆·乔斯基促进了人们对说话者掌握语言用词造句和理解句子的词汇的能力的了解，这一成就，被认为是20世纪语言学的最主要的成就之一。

1958年，弗农·英格拉姆完成了证实个别基因缺陷是引起血红蛋白分子变态和伴随镰形血球性贫血的原因的工作。同年，布鲁诺·罗西和希尔伯特·布里奇开创的空间研究课题，直接导致发现X射线，并且首次实测太阳风。

1959年，杰罗姆·莱蒂文的关于感觉和动物行为的研究，导致发现了"特性探子"，对人们了解直观感觉过程提供了关键性的阐释，同年，琼·麦卡锡制订了LISP语言，这是一种进行人工智能研究的主要语言。

1970年，戴维·马尔开创了对脑功能的计算技术、生物学和心理学的综合性研究局面，他的杰作。

1974年，诺尔曼·列文森对数学中最难也是最著名的问题之一黎曼猜

【麻省理工开放课程】

机械工程开放课程:机械为何及如何动作,动力学建模与控制,设计与制造,海洋科学与技术导论,非线性力学与混沌,结构力学在核电厂工程的应用,船舶结构分析与设计,机器人学导论,水翼和螺旋桨,高等流体力学,海上交通工具之设计原则,光学等。

测,取得了求解的突破性进展。

1975年,丹尼尔·麦克法登大大推进了人们对投入产出比与生产产量之间的关系的认识和了解。同年,劳伦斯·杨利用国家航空宇航局的空间运载器,领先完成了人类失重反应的研究,这项研究一直延续到80年代中期,使人们基本上掌握了运动病的问题。

70年代后半期,MIT的科学家发明了第一个可实际使用的公共保密键系统,它对计算机的任何一对用户之间进行保密性交流提供了方便;他们还将雷达技术运用于空间飞行器的各种试验,研究了致癌基因使细胞生长失控的过程。

80年代初,MIT发明的一种有机合成方法,在医药、工业和农业化学方面都有极重要的实践意义;还产生出了毫微微秒(10-15)级的持续时间的光脉冲,这在信息与数据处理过程中有重要的应用;还发明了一种绘制人类基因图的方法。

1985年,马丁·魏泽曼,建立了一种基于"利益分享"原则的"伙伴经济"理论,引起了英格兰和其他欧洲国家的极大兴趣。

同时,哈里·戛托斯和他的学生制造了第一种半绝缘材料:铟的磷化物,这种材料的研制成功,对于电子工业开创了一个广阔的发展应用前景。

1986年,史蒂芬·本顿和他的学生在MIT的材料实验室,发明了一种全息照相术,这在医疗、设计和通讯方面都会产生积极的影响。

未来战略

斯特拉顿院长在回顾学院的发展和成就时说,"我们决不应该忘记,大学的特有产品是学生;大学之所以存在,其基本原因便是生产这样的产品"。MIT的过去、现在和将来的命运都取决于她所培养的学生,因而对学生高标准、严要求是MIT的一贯传统,如何保持这个传统而又使学生对学习不至于产生厌倦情绪,以便为日后个人的创造和对社会有所建树打下坚实的基础,便成了问题的关键所在。MIT既拥有一流的科学、工程学和管理计划,也有令人称赞的艺术、人文科学、建筑和社会科学计划,这为培养学生非凡的创造力提供了一种良好的智力环境,也为21世纪的大学提供了一种理想的前景。MIT将保持并进一步加强这种智力环境的培育。

怀斯特院长在他的报告中说,"当今世界变化如此之快,如果我们想更好地服务于学生、国家和社会,就必须提前几年重新明确自己的使命和研究型大学的特性。二战已远离历史,我们正处于一个新的、快节奏的、全球互联的知识经济时代。这个时代呈现出不稳定性和危险性,同时也给我们带来了丰富的承诺和机会。随着信息革命和基因革命的兴起和日益突出的环境问题,社会将期待MIT的研究生和教师对科学和工程学进行有创造性的理解和应用,但社会也期待MIT和她的成员在世界事务的许多方面表现出日益重要的领导才能。我们已开始通过同商业、工业和政府的合作来加强自身学习、研究和解决问题的能力,以使MIT在未来发挥更大的作用"。在未来社会里,经济实力和国家的地位绝大部分由技术上和组织上的革新所决定,这种革新必须建立在对科学、工程学和管理进行新的研究的基础上;科学和技术的作用不再仅限于国家防御,也关系到经济活力、环境问题和国民保健;历史上,MIT的教育和研究使其处于优先地位,这是源于联邦政府的巨大投资和其他捐赠,而今,预算压力和国家重点的转移使政府对高等教育,尤其是MIT的拨款减少,而高等教育的实际成本继续增长。这些都表明MIT作为一所理工科大学已走到另一个历史性的交叉路口,必须从战略的角度重新审视教育使命以使她对未来的学生和捐赠者有足够的吸引力。在对未来社会、科学和大学自身研究的基础上,MIT制定了未来的发展战略:

吸引最优秀的学生和教师,给他们提供有刺激性的和有效的生活与

【麻省理工开放课程】

媒介艺术与科学开放课程:开拓的创业精神,情意运算,全息成像,如何学习一切,创意学习的技术,戏剧叙事特论,如何制造一切,设计社交媒介,智能型环境感知,科技身份等。

学习环境。

致力于研究基础科学,但应在把研究、学习和行动整合成一体的新模式中处于领先地位。

致力于学术、探究和批判精神,并擅长把工业、政府和学术界联合起来,共同探索、解决世界面临的主要问题。

继续保证艺术、人文学科和社会科学方面的强大计划。

致力于扩大技术上和管理上的能力,但要考虑到道德和伦理问题。

把服务于国家作为首要的和最重要的原则,但要认识到这需要全球性的参与、合作与竞争。

开拓新的财政来源,增加公民、联邦政府和商业界对科学、技术、研究和高等教育的理解与支持,吸引私人投资的增加。

这些都是确保MIT在下个世纪继续保持研究型大学地位所必需的目标,也是将给MIT带来更辉煌未来的保证。

麻省理工小百科

　　麻省理工学院的图书馆资源丰富,藏书量高达500万册,而图书馆包罗万象,无论是工程、管理、建筑设计、科学等的书籍应有尽有,十分适合学生研究时查阅。MIT于2002年并且实行了开放式课程网页,当时公布了500门课程(到2006年底,已开放2000门课程),以期建立全球统一的知识库,让全世界各地的使用者,可以透过网际网络了解各项专业知识内容,以获得宝贵的资讯,此项计划获得全世界各地学者的高度赞扬。

第五课 麻省理工名人榜——劳伦斯·萨默斯

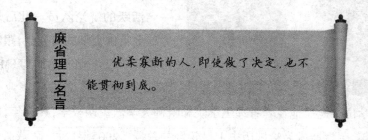

麻省理工名言

优柔寡断的人，即使做了决定，也不能贯彻到底。

人物简介

劳伦斯·萨默斯（Lawrence Henry Summers），美国著名经济学家，美国国家经济委员会主任。在克林顿时期担任第七十一任美国财政部部长。因为研究宏观经济的成就而获得约翰·贝茨·克拉克奖。并且在2001年至2006年成为哈佛大学的第二十七任校长。2006年6月30日，他离开了哈佛，由前大学校长德里克·柯蒂斯·博克暂时代替并且接受邀请返回到大学担任校长。另外，依照2006年10月19日的宣布，他成为D. E. Shaw & Co 的一个兼职总经理。

萨默斯出生在美国康涅狄格州的第二大城市纽黑文的一个犹太人家庭，他

> **【麻省理工开放课程】**
>
> 生物学开放课程之三：泛素化作用，蛋白质体与人类疾病，纳米生命，病毒与装配导论，癌症生物学，从基础研究到临床，蛋白质折叠，错误折叠与人类疾病，基因分析与治疗的新工具，免疫系统之演化等。

的父母都是经济学者和宾夕法尼亚大学的教授，他的叔叔保罗·安·萨默尔森和舅舅肯尼斯·约瑟夫·阿罗都是诺贝尔经济学奖获得者。

萨默斯年仅16岁就进入了麻省理工学院修读物理学，后转修经济学，1975年毕业获得学士学位。他就读期间曾是麻省理工学院内一名活跃的辩论队员。此后他成为一名哈佛大学的研究生，跟随经济学家马丁·费尔德斯坦（Martin Feldstein）学习，1982年毕业获得博士学位。此后他在麻省理工学院和哈佛大学做短期教学，1983年，即28岁那年，萨默斯成为哈佛历史上最年轻的教授。2005年12月，萨默斯与哈佛大学的英语教授Elisa New博士结婚，萨默斯在此前曾和他的第一任妻子维多利亚·佩里（Victoria Perry）育有三个孩子。

萨默斯在学术界成绩斐然。他在1993年从美国经济学会获得约翰·贝茨·克拉克奖。在1987年，他是首位社会科学家从美国国家科学基金会夺得沃特曼奖。萨默斯也是国家科学学院成员，同时他还是美国计量经济学学会会员和美国艺术科学学会成员。在众多的克拉克奖得奖者之中，他被认为最富有争论的哈佛大学校长候选人。1991年，他离开了哈佛，便马上出任世界银行的首席经济师（1991~1993年），后来在克林顿执政期间担任财政部内很多不同的职位。1999年至2001年，他升任为美国财政部长，接替他的恩师——罗伯特·爱德华·鲁宾。2001年，他离开了财政部回到哈佛大学担任校长。2006年他成为卓越人士联席会议成员，负责监察联合国贸易及发展委员会工作。

在2008年的美国总统大选中，萨默斯担任奥巴马竞选班子的经济顾问。针对美国的金融危机，萨默斯在《华盛顿邮报》上撰文表示，经济紧急救援措施只是一个开始，政府必须首先考虑如何分配这些救援资金，才能获得最大化控制损失的机会。萨默斯担任财政部部长期间，曾多次率

【麻省理工开放课程】

　　脑与认知科学开放课程之一：脑部研究实验，学习和记忆的神经基础，人类记忆与学习，细胞神经生物学，认知神经科学，老化之神经学与神经生理学与神经生物学，哺乳类的脑结构和发育，突触传递的生化与药理学，细胞神经生理学等。

团访华，并在清华大学做过多次演讲。美国当选总统奥巴马正式提名劳伦斯·萨默斯为白宫国家经济委员会主任。

经济学者

　　作为一名研究员，萨默斯在经济、公共财政、劳工经济、金融经济及宏观经济等各方面作出重要贡献。在另一方面，他也活跃于国际经济、经济人口学、经济历史及发展经济学。他的工作集中于分析经济数据来解答明确的问题。譬如：储蓄能否对税后利率做出反应？从股票得来的收益能否预测得到？是否大部分人只在过渡性失业时获得失业优惠？因此他在1993年从美国经济学会获得约翰·贝茨·克拉克奖。在1987年，他是首位社会科学家从美国国家科学基金会夺得沃特曼奖。萨默斯也是国家科学学院成员。

　　1991年，他离开了哈佛，便马上出任世界银行的首席经济师，后来在克林顿执政期间担任财政部内很多不同的职位。1999年至2001年，他升任为美国财政部长，接替他的恩师——罗伯特·爱德华·鲁宾。2001年，他离开了财政部回到哈佛大学担任校长。2006年，他成为卓越人士联席会议成员，负责监察联合国贸易及发展委员会的工作。2009年，他被美国新任总统奥巴马任命为美国国家经济会议主席，负责金融海啸后美国经济的复苏政策。

教育改革

过去十几年，全球化和技术革命已使美国企业和社会发生了深刻变化，但很多教育工作者认为，这一趋势在学生受到的教育过程中没有得到正确反映。尽管哈佛拥有众多诺贝尔奖得主和各类精英，堪称是科教界的楷模，不过为让哈佛跟上时代发展的步伐，萨默斯还是认为必须动些大手术，进行一次"文化革命"，才可永葆哈佛精神。

深厚的学术功底及在美国政坛上的成就使得萨默斯在众人选中脱颖而出。按理说，作为一名校长，其首要职责是设法募集到足够的资金。但萨默斯却把焦点放在如何确保哈佛继续处于世界教学与研究的前沿上。因为他的运气非常好，前任校长鲁登斯汀已经筹到了26亿美元，使得哈佛大学的账户上共有190亿美元，哈佛大学的财政状况如今正处于历史上

【麻省理工开放课程】

脑与认知科学开放课程之二：发育神经生物学，认知和行为遗传学，动物行为学，进阶动物行为学，演化心理学，计算神经科学导论，学习与发育的神经可塑性，遗传神经生物学，感觉与知觉，视觉科学特论，体感觉和运动神经，语言与思考等。

的最佳时期，这为萨默斯留下了很大的缓冲机会，他可以放心地专注于教育问题。萨默斯表示，他将考虑"优先改善本科生教育及加强科学研究"，并强调要招聘更多年轻的教员，因为在全球化和因特网的时代，保持教职工的多样性非常重要。

> **【麻省理工开放课程】**
>
> 　　脑与认知科学开放课程之三：统计学习理论及应用，学习网络，回归与分类，不规则语言，语言习得，心理语言学，自然语言和计算机对知识的表征，认知科学实验，神经网络导论，认知历程，计算机认知科学，物体与脸孔识辨。

再出场

　　盖特纳和萨默斯是美国媒体圈和政治圈近一段时期热议的人物，两人似都有资格成为政府金融政策的操盘手。而两人分获提名，得以同时加入新政府经济团队，显现稳定金融市场和重振美国经济是奥巴马明年1月就任总统后的头等大事。

　　奥巴马正式提名新政府经济团队主要成员，包括提名现任美国联邦储备委员会成员、纽约联邦储备银行行长蒂莫西·盖特纳出任新政府财政部部长；提名曾任克林顿政府财政部部长和哈佛大学校长的劳伦斯·萨默斯为国家经济委员会主任；提名加州大学伯克利分校经济学家克里斯蒂

【麻省理工开放课程】

化学工程开放课程之一：建模与仿真导论，化学工程数值方法，可持续能源，高级能源转换入门，化工热力学，复杂液体的统计热力学，生物化学产品之分离程序，动态过程与操作和控制，整合化学工程专题，分子，细胞核组织生物力学等。

娜·罗默为白宫经济顾问委员会主任；提名麦洛迪·巴恩斯出任国内政策委员会主任。相比之下，自美国次级住房抵押贷款危机暴发以来，盖特纳逐渐成为"焦点"，而萨默斯一度处于"尘封"状态。

萨默斯之所以再次进入公众视线，是因为随着危机由美国金融业局部扩大为金融业全局以至危及经济整体健康之际，他的传奇经历、阅历和经验成为应时之需。萨默斯先前在美国政府和多个国际机构中担任过一系列职务，且都与经济和金融相关，其中最高职位是财政部部长。据媒体报道，奥巴马竞选总统期间，萨默斯赢得了奥巴马团队的尊重，在帮助民主党制订应对金融危机的策略过程中发挥了重要作用。萨默斯再次出场，成为奥巴马经济团队的最重要成员之一，在人们预料之中。

处危机

与盖特纳所显示的温和态度相比，萨默斯显现强硬风格。在盖特纳和萨默斯等人之间考虑由谁出任新政府财政部部长的阶段，奥巴马团队一些人士认为，眼下金融环境中，萨默斯强硬而兼备执掌财政部的经验，是

出任财长的上佳人选。萨默斯27岁获哈佛大学经济学博士学位，28岁获哈佛终身教职，37岁担任世界银行副行长兼首席经济师，39岁出任财政部负责国际事务的副部长，45岁在民主党人总统比尔·克林顿任内出任财长。20

世纪90年代在财政部工作期间，萨默斯协助处理了墨西哥比索贬值危机、亚洲金融危机和俄罗斯金融风暴等重大国际金融事件。

【麻省理工开放课程】

　　化学工程开放课程之二：生物分子动能与细胞动力学，药物发展之原则与实践，化学反应动力学，分子与延伸系统的量子力学计算机运算，实验生物学与沟通，实验生物学，密集沟通，制造研讨会，科技与法律与工作环境，工程管理。

　　那一时期，他与时任财长罗伯特·鲁宾和联邦储备委员会主席艾伦·格林斯潘一起成为美国《时代》周刊的封面人物，获称应对危机的"三剑客"。1999年7月，鲁宾去职，萨默斯接任。虽然曾经与格林斯潘"携手"，对金融危机的成因，萨默斯认为，曾经处于相当于美国中央银行行长地位的格林斯潘负有责任。随着2011年的到来，劳伦斯·萨默斯正式离开了奥巴马的经济政策班子。

责央行

　　身为计量经济学学会会员，萨默斯以研究和预判经济走势为己任。瑞士达沃斯年会上，他说："如果衰退在（经济）泡沫破碎的背景下发生，那它一般会持续相当长一段时期。"在他看来，一些国家的中央银行近几年迷失方向，致使决策失误，构成金融危机的根源。他当时说，"我认为，难以对央行近两年内的工作给予高度评价，它们助长了'泡沫'及所有可能制造'泡沫'的先决条件。它们最近半年内的行动更是难辞其咎：它们表现得好像泡沫破碎与自己无关。"

　　萨默斯所指，依一些媒体记者判断，是格林斯潘的认定，即现有危机发端于错误的全球性风险评估。英国《金融时报》网站2007年12月刊载他的文章说，次贷危机有加重趋势。美国面临的挑战是遏制金融系统崩溃损害实体经济，措施是保持国内需求，缓解信贷紧缩压力和保持房地产市场正常运转。路透社援引联合信贷集团全球研究部经济师罗杰·库巴里奇的话报道，萨默斯显示，他有能力作出决策，提前就解决方案提出建议。

访中国

萨默斯首次把触角从美国经济延伸至国际经济，是在1991至1993年出任世界银行副行长兼首席经济师期间。出任财政部副部长后，他分管国际事务，1994年5月当选为经济合作与发展组织3人工作组主席。副财长任内，他1998年1月和1999年2月两次访问中国。财长任内，他1999年10月来华，参加第12次中美联合经济委员会会议。回到美国后，他在多个场合呼吁美国国会尽快给予中国永久性正常贸易关系地位，为中国加入世界贸易组织扫除障碍。离开政府岗位后，就任哈佛大学校长前，萨默斯2001年3月底出席由中国国务院发展研究中心主办的第三届中国发展高层论坛。

哈佛校长任内，他2002年5月再次访华，受到中国领导人接见。对自己在美国新政府岗位上所面临的现实，萨默斯在今年1月达沃斯年会上已有预感"衰退将历时良久而且难以承受，出现这种情况的可能性不仅存在，而且相当大。"萨默斯的妻子维多利亚是税务代理人，夫妻有一对双胞胎女儿和一个儿子。

2011年2月12日，哈佛中国中小企业峰会暨华佗中国民营商界领袖论坛在美国波士顿哈佛大学隆重召开。萨默斯在论坛上做了相当精彩的演讲：

非常高兴今天能够来参加今天的会议，尤其是像这样一个特殊的会议。我们会讨论很多对全球体系来说都很重要的问题，并且放在历史的框架中也是很重要的。我第一次去中国是在1979年，我首先去了上海，我非常迷恋喝可口可乐。当时这是一个很大的问题，我十天都找不到可口可乐可以喝，因为当时在中国就没有这样的产品在销售。我不得不给美国打电话，跟我的父母说在这里买不到可口可乐。我从酒店走出来走了一段距离，带着非常大的好奇心去观察路上的人，发现当时的人对我非常好奇，他们想跟我拍照片。我在大街上走的时候，在上海的市中心闲逛的时候，我甚至可以到马路的中央去走，因为每隔五分钟才会有一辆汽车，当时真是非常与众不同的世界。大家想一想，中国这些年发生了什么样的变化呢？尤其自从我第一次访问中国以来的这几十年的时间里。这是我想对它做的阐释。

古希腊，从公元前460年到公元800年，人们的生活水平取得很大的进步，在过去的这几千年生产力几乎是成倍的增长。最乐观的一个方面是在20世纪的时间里美国取得了很大的进步，美国20世

纪人均寿命翻倍地增长。中国在最近30年也取得了非常大的进步，其中每年的经济增长超过7%，也就意味着每隔十年它的经济体总体量就可以翻一番，这是非常快的速度，我们可以称之为工业革命，因为这是它人类历史上的第一次。人类的寿命已经与史前时代完全不一样了，中国以7%每年速度增长，意味着每十年经济体就会翻一番。这种变化涉及全人类25%的人口，而且人们生活水平的改变不仅仅是局限在25%的人口中，同时也影响到世界上其他的各个角落。

当历史学家回顾我们这个时代的时候，冷战的结束、共产社会的瓦解，也会和中国经济增长一样具有历史性，会进入历史的教科书。中国的崛起和其他新兴市场国家的崛起是绝对可以进入史册的事情，而且是历史教科书上第一件重大的历史事件。没有比这更重要的，我们不用怀疑它的重要性了。现在贸易方式的改变，还有大家购买方式的变化，还有大家购买力的改变，大家可以购买商品种类的改变增加导致了现在中国受社会经济各个角落发生了新的变化。中国现在每年所排放的二氧化碳的污染物其实比美国还要多，现在全球每天要消费的水大

【麻省理工开放课程】

化学开放课程之一：无机化学原理，无机化学中之物理方法，生物化学，化学科学原理，有机化学，化学实验技巧，实验化学导论，化学实验，化学实验导论，中级化学实验，高级化学实验与仪器。

概是9000万桶。

现在中国每天的石油消费量，一天有9000万桶，中国石油人均消费量其实现在跟美国也接近了，中国的石油消费量会从每天9000万桶增长到将来的2.3亿桶每天。我们可以来比较一下，沙特阿拉伯每天的消费量只有800万桶，中国经济非常的重要，环境上也是非常重要的，尤其是针对全球的体制来说。在政治上也是非常重要的，最大的政治问题就是人权的问题，人们渴望能拥有权利，渴望更多的自由，希望能够改变自己的命运。一方面希望获得保护，不要受到政府太多的管制，希望不要发生"文革"时候的那样一些惨剧。一个很强的政府他的目的是为了避免混乱。实际上这样的社会问题也是美国的这些建国者们面临的问题，美国在过去两百年里面也是不断地致力于解决这些问题。

中国虽然在过去这些年中经历了一些混乱，一些灾难，但是实际上所取得的进步比美国在过去这一代人中所取得的进步还要大，甚至中国人也在致力于为现在的问题找到合理的方案。当时我们美国认为我们的崛起是善意的，但是如果你是墨西哥人，你是加勒比海周边的人，你是美国印第安土著人，你会觉得其实美国的崛起相当有问题的。

所以基于各种各样的原因，在中国和美国，两个国家、两个社会，都为自己骄傲，都认为自己与众不同，都为自己的历史感到荣耀。去定义这两个国家之间的关系，而且还要他们两个彼此之间达到和谐共处其实非常难的，因为历史一次又一次告诉我们在新的力量增长的时候，在位的这些力量往往会对他们实施一些阻挠，或者并未把他们看成善意的崛起。要想这个过程成功，最重要的就是我们之间的经济关系和商业关系。经典的经济学家们会解释到，贸易会让我们两个国家的居民都可以买到比之前更多的商品并且以最低的价格获得这样的商品。可能更重要的是贸易也有助于传播知识，能够让中国更好地融入世界舞台，贸易也

【麻省理工开放课程】

化学开放课程之二：有机金属化学，生物分子化学，有机结构解析，蛋白质折叠问题，人造有机化学，热力学与动力学，物理化学，分子与延伸系统的量子力学计算机运算，化学反应动力学，量子力学导论。

把技术散发到世界各地,也让中国成为技术重要的贡献者。

很重要的是贸易也促进了人们之间的交流,不仅仅限于政府官员和政府官员,将军和将军们之间,而是把这种联系扩大到了正常居民之间,就像今天的会议一样,这种会议非常重要。很长一段时间以来,这种关系变得有点不对称,美国的生活水平、生产率领先中国很多,研究经济的教授和学者们会说中国当时生产力就像美国1860年一样,所以欧洲的技术和知识在1860年前后传到了美国,现在也是一个知识传播的时候。

西方国家在经济学方面的考虑往往忽略了这些元素方面,他们忽略了成千上万的人对中国人生存状态低于当时世界的发展水平的。中国当时是面临着非常复杂的问题的,也就是要创造成千上万的工作,要促进城市化的发展,为人民谋得福利。而我们美国人呢?在西方世界需要认识到这一点,同时这种经济关系会使我们两个国家的关系不断地成熟。我们所提出的一些问题不再是一个低级的问题,而是一些更加高层面的问题。

今年夏天,两国之间有一次交流,从那以后这个方面的问题有所缓和,我对这些进展感到非常高兴。除了汇率还有资本市场的问题,我们双方间还面临其他的一些问题,比如说市场准入的问题,还有能源政策,允许两边的国家的学生互相去对方的国家学习的问题。如果说有一个住在麻省的人,他想在麻省的买一个汽车,这样的话对对方的定居有好处的吗?我们也希望解决贸易保护主义的问题,这让我回到我最初的问题。

今天在中国所发生的事情,这些事件的变化的推动力不仅仅是中国政府。这个推动力也是中国人民的创新,努力地工作。由于中国人民的努力,中国取得了前所未有的进步,这是我们大家共同的责任,去找到双边

的问题,讨论双边的问题,甚至有的时候去争辩这些问题,目的是为了找到解决争辩问题的方法。如果我们能做到这些的话,当历史学家回顾这些事迹的时候,他们会以一种更加乐观的方式来讨论这些问题,中美之间的这种合作将会成为历史的很大的主题。

麻省理工小百科

　　2006年11月,美国麻省理学院与剑桥大学合作的研究团队,揭示了一项名为"静音喷射机倡议"的计划,将彻底改造客机的概念设计:未来的客机将不只能更省油,而且还安静无声,一解机场附近居民饱受飞机起降噪声折磨之苦。

后　记

　　本丛书是根据世界著名大学文化教育长期思考研究编辑而成，它代表着我的一份独立思考，更代表着我的一份紧张和不安。

　　我知道书是写给别人看的，且不说怎样去影响别人、打动别人，起码得让人饶有兴致地读下去吧。我试图从新的视角，新的写作方式，尽可能全面准确地把握写作主题，让读者从世界著名的 20 所高等学府中获取知识，从而提高自身的文化素质，学习思考问题和学术研究的新方法。在文化交流中，读者能够从本丛书中了解到世界著名大学的文化教育思想，同时可以学习借鉴这些大学教育经验的有效做法和成功经验。我知道，想到了未必能做到，更未必能做得好。这是个大问题，就算不能够起到抛砖引玉的效果、但是在编写过程中我还是做了大胆的尝试，希望读者们可以在阅读的过程中有所收获，有所启发。

　　本着这样的想法和初衷，经过长期的准备和编写，书稿业已完成。大学是人才荟萃、知识丰富和精神自由的地方，在大学里，每个大学生的人生都会因为环境而发生重大的转折和改变，这也是人生获取能量、积累资源最重要的时期。因此，大学生在校期间应该兼收并蓄，广泛寻求与老师、同学、校友之间的互动交流机会，从而既可获得一面立体的"镜子"，清晰地认清自己，又能获得各类精神营养的滋润，让自己拥有领袖的气质。

　　大学是未来领袖的摇篮，是天才的渊薮，也是一个人在走向社会之前的自我磨练的地方。在这样一个思想极度开放自由的地方，作为大学生必然会遇到各种各样的问题。在这套丛书中，我们不仅介绍各所世界名校的

发展历程、研究成果,同时我们还介绍了这些高等学府的知名校友,青少年在阅读时会从那些名人的生平事迹中有所感悟,从而影响青少年读者的人生价值观。我始终认为大学教育是一个人在成才过程中必不可少的教育阶段,在这一时期,大学生们必须要有自我发展的意识,而"未来领袖摇篮"丛书正好符合了青少年在这方面的需求。

大学有着深厚的文化积淀,其功能是培养符合社会需要的人才。尽管大学中的教学活动都是围绕专业知识的传授和学习展开的,实际上,一批又一批的青年学子始终是在学校中各种"潜在课程"、"无形学院"的培养、熏陶和影响下成长的。学知识与学做人,始终是摆在大学生面前的两件同等重要的任务。大学教育的本质在于人的教育。

高等教育的最重要目标并不是为了培养出多少具有先进知识的人才,而是在于培养具有高等素质的复合型人才。换句话说,在学生的专业知识与人格得到全面发展的同时,大学作为培养"未来领袖的摇篮"肩负着责无旁贷的重任。